특별한 영유아

모노그래프 시리즈 3호 Teaching Strategies: What to do to Support Young Children's Development

유아의 발달을 지원하는

교수전략

Michaelene Ostrosky · Susan Sandall 편저

백유순 · 김진희 공역

학지사

Teaching Strategies: What to do to Support Young Children's Development
by Michaelene Ostrosky, Susan Sandall

Korean Translation Copyright © **2011** by Hakjisa Publisher, Inc.
The Korean translation rights Published by arranged with
Division for Early Childhood

역·자·서·문

원저 *Young Exceptional Children(YEC) Monograph Series*는 특수아동협회 유아교육분과[The Division for Early Childhood(DEC) of the Council for Exceptional Children(CEC)]의 출판물 중 하나로서 1999년부터 출간되기 시작하였습니다. 모노그래프란 특정 주제에 관한 상세하고 실증적인 논문들을 모은 것이라고 할 수 있는데, YEC 모노그래프 시리즈는 장애가 있거나 발달이 지체된 아동, 영재아동, 발달이 지체될 위험이 있는 아동, 학교생활에 어려움이 예상되는 아동 등 0~8세 사이의 아동을 대상으로 일하는 교사, 유아교육(보육) 종사자, 행정가, 치료사, 가족 구성원 등을 위하여 기획되었습니다. 시리즈 각 호는 조기중재 및 유아특수교육 분야의 중요한 주제를 다루며 실제(practices)에 직접적인 도움이 되는 내용으로 구성되었습니다. 근거 중심(evidence-based)의 연구결과를 전문가와 가족에게 효과적이고 유용한 전략으로 바꾸어 소개하는 것이 모노그래프 시리즈의 주요 목표 중 하나라고 할 수 있습니다. 따라서 시리즈에 수록된 글들은 탄탄한 이론 혹은 연구 기반을 갖고 있으며, 또한 광범위한 독자층을 고려하여 읽기 쉽게 쓰여 있습니다.

YEC 모노그래프 각 시리즈에서 다루는 주제는 도전적 행동에 대처하는 실제적 아이디어(1호), 자연적 환경과 통합(2호), 유아의 발달을 지원하는 교수전략(3호), 의미 있는 정보를 수집하는 진단평가(4호), 가족 기반의 실제(5호), 학제간의 팀들(6호), 초기 문식성 발달 지원(7호), 사회 · 정서 발달(8호), 아동 및 가족 성과와 교육과정의 연결(9호), 조기중재의 실제와 성과(10호)입니다.

역자들은 Young Exceptional Children을 '특수유아'가 아닌 '특별한 영유아'라고 번역하였는데, '특수유아'라는 표현이 혹여 유아들을 동질집단화하지 않을까 하는 우려 때문이었습니다. 그래서 서로 다른 발달을 보이는 개별 영유아에게 초점을 맞추는 의미에서 '특별한 영유아'로 번역하였음을 밝힙니다.

특별한 영유아 모노그래프 시리즈의 번역은 여러 사람의 노력과 지원이 없었으면 불가능하였습니다. 번역계획은 2006년 가을 미국 아칸소(Arkansas) 주 리틀락(Little Rock)에서 열린 DEC 콘퍼런스에서 시작되었습니다. 당시 DEC 다문화 활동위원회(Multicultural Activities Committee)의 위원장으로 활동하고 있던 브래들리 대학교 이화(Hwa Lee) 교수의 적극적인 추천과 지원으로 모노그래프 시리즈를 한국어로 번역 출간하는 것에 대해 DEC 회장단으로부터 매우 긍정적인 답변을 들었습니다. 그러나 DEC의 출판물을 외국에서 번역 출판하는 작업이 전무하였던 관계로 실제 계약까지의 진행은 매우 더디게 이루어졌습니다. 하지만 그 시간 동안 포기하지 않게 역자들을 믿어 준 분이 있는데, 그분들께 감사를 드립니다. 특히 계속적으로 관심을 가지고 국내에서 번역 출간이 되도록 적극적인 지원을 아끼지 않은 이화 교수께 감사의 말씀을 드립니다. 그리고 한국에서의 출간을 지지하고 신뢰해 준 DEC 회장단을 비롯한 관계자들에게 감사의 마음을 전합니다. 또한 이 책이 나오도록 애써 주신 학지사의 김진환 사장님과 직원 여러분께 감사를 드리며, 마지막으로 언제나 든든하게 힘이 되어 주는 사랑하는 가족에게 고마움을 전합니다.

2011년

역자 일동

편·저·자·서·문

특별한 영유아 모노그래프 시리즈 3호가 발간되었습니다. 이번 호는 장애유아 및 특수교육 요구 유아를 위한 효과적인 교수전략 주제에 초점을 맞추고 있습니다. 이번 호의 목적 중 하나는 『조기중재 및 유아특수교육의 DEC 추천 실제(DEC Recommended Practices in Early Intervention/Early Childhood Special Education)』(Sandall, McLean, & Smith, 2000)와 연계하는 것입니다. 이 모노그래프에 실린 논문들은 제3장 '아동 중심의 중재'에서 볼 수 있는 실제뿐만 아니라 직접적인 서비스와 관련된 실제들을 강조하고 있습니다. 대부분의 논문들은 정보와 증거들을 제공하는 것은 물론 교실이나 다른 중재 상황에서 사용할 수 있는 조언과 기법까지 제공해 실제들을 확장하고 있습니다.

저자들은 8개의 논문에 걸쳐 일관된 관점을 보여 주고 있습니다. 이 논문들의 특징은 모든 저자들이 계획의 중요성을 강조하고 있다는 것입니다. 이는 적절한 교수 전략과 교수 프로그램의 개발, 교수 상황의 계획에 따라 주의 깊은 선택을 해야 한다는 것을 보여 줍니다. 또한 저자들은 진행 중인 활동과 일과에 주의 깊은 교수의 삽입이나 통합에 대해 설명하고 있습니다. 그리고 몇몇 저자들이 설명한 것과 같이 이는 말보다 실행이 더 어려운 게 사실입니다.

Jeanette McCollum과 동료들이 쓴 첫 번째 논문은 영아와 부모들이 함께하는 접근에 대해 설명하고 있습니다. 이 접근은 관계가 가지는 힘과 중요성을 바탕으로 하고 있습니다. 논문의 초점은 부모가 자녀의 발달과 학습에 좀 더 민감하고 반응적인 관찰자가 될 수 있도록 돕는 데 있습니다. 또한 이 논문은 독자가 부모-아동 그룹 내에서 '발달적 관찰 주제'를 사용할 수 있도록 안내하고 있습니다.

몇몇 논문은 조기 의사소통의 중요성을 강조합니다. Kaiser와 Delaney는 아동과 교사 간 대화의 중요성에 대해 설명하고 있습니다. 이 논문은 아동을 대화에 참여시키고 아동에게 언어 행동을 가르치는 데 대화를 사용하는 일련의 반응적인 상호작용 전략을 교사에게 알려 줍니다. McCathren과 Watson은 전의도적(preintentional) 의사소통에서 의도적 의사소통으로의 전환에 어려움을 겪는 유아를 대상으로 한 접근을 설명하고 있습니다. McCathren과 Watson은 아동이 이러한 전환을 할 수 있게 교사가 사용할 수 있는 전략을 제공합니다. 또한 DeThorne와 Watkins는 일반교사나 특수교사가 아동의 어휘 발달을 촉진하는 데 사용할 수 있는 다섯 가지 전략을 제시하고 있습니다. Garfinkle과 Schwartz는 보완 또는 적응 의사소통 체계(Augmentative or Adaptive Communication: AAC)를 사용하는 아동에게 초점을 맞추고 있습니다. 특히 그들이 설명하는 자연적인 전략은 아동이 또래와 의미 있는 의사소통적 상호작용을 하도록 도울 것입니다.

나머지 세 편의 논문은 세심하고 주의 깊은 계획의 중요성을 강조합니다. 새로운 기술을 연습할 수 있는 많은 기회를 장애유아에게 제공하는 것은 중요합니다. Eva Horn과 동료들은 삽입된 학습기회(Embedded Learning Opportunities: ELO)라는 교수 전략을 정의하고 유아학급의 일과 동안 삽입된 학습기회의 계획 과정을 설명합니다. 다음으로 Rosa Milagros Santos는 고확률 절차를 설명합니다. 이 전략은 유아특수교사가 아동의 놀이, 참여, 적절한 행동, 학습의 복잡성과 지속시간을 증가시키는 데 사용할 수 있습니다. 이 논문에서 Rosa Milagros Santos는 고확률 절차를 정의하고 이 중재 전략의 요소들을 설명하며, 고확률 절차를 사용할 때 고려해야 할 문제들을 제안합니다. 마지막으로 Mark Wolery는 특별하고 효과적인 교수 절차인 시간 지연의 계획과 사용에 대해 단계적으로 설명합니다. 시간 지연은 다양한 중요 기술의 습득과 사용에 효과적인 교수 방법으로 알려져 있으며, 저자는 교실 활동에서 어떻게 시간 지연을 삽입하고 분산시킬 수 있는지 보여 줍니다.

이 모노그래프의 논문들을 통해 독자들이 다음의 몇 가지를 성취하기를 바랍니다. 첫째, 독자들이 논문들을 통해 자신이 이미 하고 있는 것들을 확인하기를 바랍니다. 둘째, 독자들이 하고 있는 실제에 새로운 아이디어나 방향을 제시하기를 바랍니다. 셋째, 계획과 교수를 하는 데 근거를 바탕으로 하고 있음을 기억하기 바랍니다(Wolery, 2000). 끝으로, 특별한 영유아 모노그래프 시리즈 3호에 도움을 주신 저자들과 검토자들에게 감사드립니다.

참고문헌

Sandall, S., McLean, M. E., & Smith, B. J. (2000). *DEC recommended practices in early intervention/early childhood special education.* Longmont, CO: Sopris West.

Wolery, M. (2000). Recommended practices in child-focused interventions. In S. Sandall, M. E. McLean, & B. J. Smith (Eds.), *DEC recommended practices in early intervention/early childhood special education.*(pp.29-38). Longmont, CO: Sopris West.

공동 편저자: Michaelene Ostrosky (217) 333-0260 ostrosky@uiuc.edu

Susan Sandall (206) 543-4011 ssandall@u.washington.edu

차 · 례

03 • 역자 서문
07 • 편저자 서문

013 발달적 관찰 주제를 사용한 관찰자로서의 부모 지원

031 반응적 대화
자연적 언어 교수 기회의 고안

049 의도적 의사소통 발달의 촉진

067 유아학급에서 어휘를 가르치는 다섯 가지 도구

085 "얘, 너한테 말하고 있는 거야"
유아에게 또래와 AAC 체계 사용법을 가르치는 자연적 절차

105 삽입된 학습 기회
통합 프로그램에서 아동의 학습을 지원하는 교수전략

125 교실과 가정에서 고확률 절차의 적용
아동이 알고 있는 것으로 새로운 것을 가르치기

141 학급 활동에 시간 지연 절차 삽입하기

159 교수전략에 도움이 될 자원들

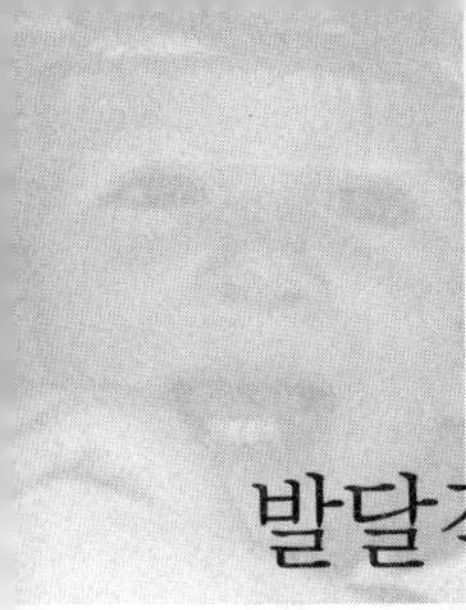

발달적 관찰 주제를 사용한 관찰자로서의 부모 지원

Jeanette A. McCollum, Ph.D., University of Illinois at Urbana-Champaign
Tweety J. Yates, Ph.D., University of Illinois at Urbana-Champaign
Felicia Gooler, M.A., University of Illinois at Urbana-Champaign
Deborah Bruns, Ph.D., University of Illinois at Urbana-Champaign

타이(15개월)는 엄마 미미와 함께 부모-영아 상호작용(Parent Interacting with Infants: PIWI) 그룹에 다니고 있다. 최근 부모 면담 중 미미는 PIWI 촉진자에게 타이가 어떤 물건이라도 매우 짧은 시간 동안 가지고 노는 것에 대해 우려를 나타냈다. 미미는 아이가 과잉행동인지 걱정했다. 벌써부터 그녀는 타이가 학교에 다닐 나이가 되면 학교에서 아이들로부터 상처를 입거나 적응을 잘 하지 못할까 봐 걱정이다. 게다가 미미는 아이가 공부하는 것 역시 힘들어할 거라고 생각한다.

이러한 고민은 부모-영아 그룹에 다니는 다른 엄마들도 공감하는 사례다. 그러나 촉진자들은 이 나이의 아이들은 끊임없이 움직인다는 것을 알고 있다. 촉진자들은 부모들이 걱정하는 아이들의 많은 행동이 지극히 정상적이고 적절한 행동임을 알고 있다. 이러한 걱정들을 이해시키려 할 때, 우선은 엄마들에게 자녀가 탐색자임을 이해할 수 있도록 기회를 주어야 한다.

촉진자들은 발달적 관찰 주제(Developmental Observation Topic: DOT)를 사용한 "어떻게 주위를 탐색할까?" 라는 PIWI 회기를 계획하였다. 그들은 환경을 도깨비 상자, 손인형, 퍼즐 상자 등 연령에 적합한 다양하면서도 친숙한 사물들로 구성하였다. 또한 문이 달린 커다란 종이 상자, 천정에서 바닥까지 늘어뜨린 장식 리본, 잘게 썬 종이로 채운 플라스틱 통 등과 같은 친숙하지 않은 사물들까지 포함시켰다. 놀이시간 전에 촉진자들은 부모에게 자녀가 이곳에서 무엇을 할 것이라고 생각하는지 물었다: 아이가 즉시 탐색하기 시작할까요? 아니면, 우선 앉아서 관찰부터 할까요? 각 사물들을 가지고 무엇을 할까요? 자녀가 다양한 사물들에 대해 알 수 있도록 무엇을 도와줄 것인지요? 등이다.

발달적 관찰자로서의 부모 지원

아동과 부모에 대한 지원이 증가함에 따라 다양한 서비스 선택권에 대한 요구가 커졌다. 이 중 고려해야 할 사항 중 하나는 부모의 존재가 유아의 발달적, 중재적 환경에서 중요한 부분으로 유지될 수 있는 부모-자녀 그룹을 통해 지원이 제공되어야 한다는 것이다 (Browne, Jarrett, Hovey-Lewis, & Freund, 1995). 또한 부모-자녀 그룹은 유아의 자연적인 놀이 활동 속에 개별화 목표를 삽입할 맥락을 제공하고, 편안하고 자연적인 환경에서 부모들에게 비공식적인 지원을 제공하며, 발달에 적합한 부모-자녀 상호작용을 촉진하고 향상시킨다.

PIWI(부모와 영아의 상호작용)는 부모-아동 간 상호작용의 중개를 통해 아동의 발달과 학습을 촉진하기 위한 관계중심 모델이다. 즉, PIWI는 부모-아동 상호작용 그룹 회기를 실행하기 위한 주요 관점으로 아동의 기질 및 정서, 행동에 관한 정보에 기초한 관찰과 해석으로 성인과 아동이 민감하고 반응적인 상호작용을 하도록 돕는다

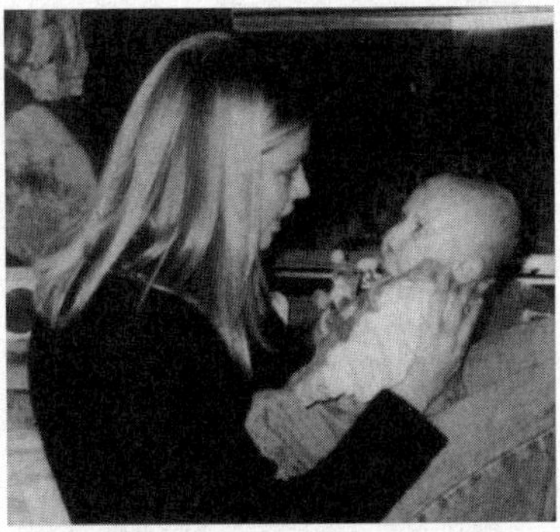

(Conrad, Gross, Fogg, & Ruchala, 1992; Yates, 1993). 이러한 상호작용은 유아의 적절한 발달과 학습의 장을 열어 준다(Bromwich, 1997; Mahoney, Boyce, Fewell, Spiker, & Wheeden, 1998; McCollum & Bair, 1994). 장애유아 부모들에게 출생에서 3세까지의 시기는 자녀의 특별한 요구에 대해 알고 적응해 가는 시기다. 주제 중심의 관찰(Focused observation)은 아동의 능력과 활동 및 자료 등과 같은 환경요인들이 행동에 미치는 영향 등을 강조해 보여 준다. 주제 중심의 관찰을 통해 부모는 아동의 발달을 돕기 위한 자신의 역할에 대해 올바른 인식을 하게 된다. 부모가 아동의 발달을 돕기 위해 바뀔 때 상호작용은 향상된다. 부모가 아동의 관점에서 행동을 이해할 때, 반응성이 높아지고 발달에 대한 적절한 지원이 더 많이 나타날 수 있다. PIWI에서 발달적 관찰 주제(DOT)는 부모가 발달적 관찰자가 될 수 있도록 도와주는 주된 수단이다.

〈표 1〉 PIWI 그룹 회기 계획

날짜: 6/12 연령 범위: 10~30개월

발달적 관찰 주제: 어떻게 주위를 탐색할까?

관찰 초점: 관심을 갖고 참여하게 만드는 자료는 무엇인가?

일정	공간/자료	그룹 활동/전략	개별적 전략*	팀 역할
인사 (10:00~10:10) 인사 노래	센터영역 매트 위: 나무 비행기, 구슬 미로, 퍼즐, 큰 모양 맞추기 상자, 도깨비 상자, 우유병과 인형, 블록과 트럭	부모와 아동을 환영 자료를 가지고 노는 자녀에게 부모가 초점을 맞추도록 함	타이: 좋아하는 자료 제공; 개별적 지원을 제공할 수 있도록 준비 매니: 다른 가족들이 있는 교실 가운데로 유인하기 위해 좋아하는 트럭 제공	성윤: 인사하고 이름표를 줌; 필요한 경우 매트에서 떨어져 타이를 따라갈 수 있도록 준비함 재키와 펠리샤: 아동 및 부모들과 함께 매트 위에 있음
시작 토론 관찰 주제 공유 (10:10~10:25)	위와 같음, 필요한 경우 새로운 장난감으로 보충함 (아동이 어떻게 장난감을 탐색하는지, 어떤 자료에 관심을 보이는지 설명)	주제 소개: 아동이 주위를 탐색하도록 동기 부여; 아동들은 다른 방법으로 탐색 어떤 종류의 자료에 자녀가 오랫동안 관심을 보이는가? (DOT 계획 참조)	위와 같음	펠리샤가 시작 토론을 주관 재키는 필요한 경우 장난감 교환 성윤은 아동을 관찰하고, 필요한 경우 도움 제공

부모-아동 관찰 활동 (10:25~10:55)	교실 전체에 배치: 1. 인형과 자동차가 담긴 큰 상자 2. 다양한 크기의 볼과 구슬백이 담긴 관 모양 상자 3. 작은 동물과 자료가 담긴 작은 상자 4. 리본이 걸린 나무 계단 5. 비눗방울, 스푼, 물 조리개 등이 있는 물놀이 테이블 6. 다양한 퍼즐 7. 블록과 트럭들	할 일: 1. 기다리고 관찰하기: 자녀가 어떻게 자료들을 탐색합니까? 2. 자녀의 흥미 지속시키기: a. 자녀의 행동 모방하기. b. 놀 만한 새로운 장난감 주기. c. 자녀가 하는 것에 대해 얘기하기. 3. 지속 시간과 동기를 관찰하기: 자녀의 동기를 유발하는 것은 무엇입니까? 자녀가 어떤 자료에 흥미를 가지고 있습니까? '할 일'을 각 활동 영역에 걸어 두기	매니: 다른 아동들이 노는 영역으로 가도록 유도한다. 타이: 미미에게 '할 일'을 시범을 보여 타이가 오랫동안 자료에 흥미를 갖도록 지원	촉진자들은 각 모-아 그룹과 상호작용하고 '할 일'을 시도할 수 있도록 지원
간식 (10:55~11:10)	편안한 장소에서(예, 간식 테이블): 크래커 바나나 주스나 물	부모에게 서로 공유하고 싶은 화제나 그룹에 관한 질문이 있는지 질문	없음	성윤은 간식을 준비하고 비형식적인 토론 촉진 재키와 펠리샤는 활동자료 정리

노래와 게임 (11:10~11:15)	센터영역 매트 위: 1. 조랑말 노래 2. 낙하산과 노래 3. 함께 하고 싶은 노래나 게임이 있는지 질문	노래를 부르며 간식 시간에서 전이	타이: 조랑말 노래를 부르며 'ㅍ'과 'ㅁ'발음을 강조	펠리샤가 노래를 주도 성윤은 정리 재키는 노래와 게임에 참여
마침 토론 (11:15~11:30)	센터영역 매트 위: 시작 토론 때와 같은 장난감들	부모에게 질문하기: 자녀가 가장 홍미를 보인 장난감은 무엇입니까? 자료를 가지고 노는 시간에 영향을 미친 것은 무엇입니까? 아동마다 동기를 유발하는 자료는 각기 다릅니다. 탐색할 기회가 있을 때 아동들은 좀 더 주의집중하고 참여합니다(DOT 계획 참조). 다음 주 주제 토론	타이: 좋아하는 사물을 제공한다. 개별적으로 지원할 수 있도록 준비 매니 : 다른 모-아 그룹과 센터 영역에 들어갈 수 있도록 좋아하는 트럭을 제공	재키는 센터 영역 매트 위에 있는 바구니 속의 장난감을 가져온다. 펠리샤는 마침 토론 주도 재키와 성윤은 관찰하면서 토론 지원

* 개별 아동의 IFSP에 나타난 고려사항, 홍미, 전략을 의미한다.

DOT 실행하기

〈표 1〉은 타이의 예화에서 설명한 PIWI 그룹 회기 계획을 보여준다. 이 회기를 계획하는 데 사용된 DOT는 계획뿐만 아니라 계획의 맨 윗줄에서 주제도 볼 수 있고, 항상 시작 토론, 부모–아동 상호작용/관찰 시간, 마침 토론 시간이 나타난다. 시작 토론 시간에 촉진자는 주제에 대한 대화를 안내하기 위해 몇 가지 아이디어와 질문들로 회기 계획을 간단히 설명한다. 주제에 대한 근거는 아동이 노는 동안 부모와 촉진자가 이야기한 행동을 보여 줄 수 있는 기회를 증가시켜 토론 시간에 이용 가능한 사물을 통해 볼 수 있다. 부모–아동 관찰 시간 동안 회기의 주제와 초점에 근거한 부모의 관찰을 촉진시키기 위해 환경은 주의 깊게 계획되어야 한다. 또한 다양하면서도 흥미로운 사물들 역시 이용 가능하다. 아동은 부모의 도움을 받아 자유롭게 돌아다니며 탐색할 수 있다. 이때 부모는 시작 토론을 참고하여 아동이 무엇을 하는지 관찰한다. 촉진자는 부모–아동 사이를 다니며 지원하고, 의견을 말하고, 관찰하고 때로는 함께 참여하기도 한다(McCollum & Yates, 1994). 촉진자는 아동의 탐색과 흥미를 지속적으로 높이기 위해 필요에 따라 자료를 빼거나 새로 투입하기도 한다. 회기 계획에서 보여 준 대로, 토론 시간에 부모와 촉진자는 관찰 주제와 관련하여 무엇을 관찰했는지 서로 대화를 나눈다. 그리고 촉진자는 이러한 관찰을 요약하고 확장할 수 있는 발달적 정보를 제공한다.

DOT 계획 소개하기

이 특정 회기 계획에 아이디어를 제공한 DOT 계획은 〈표 2〉에 제시되었다. 이 회기의 주제는 그룹의 부모들이 말한 고민과 흥미를 반영해 선택하였다. 12주의 그룹을 시작하기 전에 부모들을 면담하여 자신과 자녀를 위해 그룹에서 무엇을 얻기를 원하는지 알아보았다. 그 결과 여러 엄마들은 '끊임없이 아이들이 움직이는' 것이 걱정이라고 대답했다. 따라서 '어떻게 주위를 탐색할까?'라는 주제를 선택한 촉진자들의 목적은 부모들이 발달적 구조 내에서 이러한 걱정을 생각하도록 돕기 위한 것이다. 그러나 PIWI 촉진자들은 여러 다양한 부모 그룹과의 경험을 바탕으로 많이 제기되는 걱정이나 관심 분야를 반영한 DOT 계획을 개발하였다.

회기 계획을 개발하기 위해 DOT 계획이 꼭 필요하지는 않지만 DOT 계획은 매우 유용해서 반복해 재사용할 수 있다. 또한 특정 그룹을 위한 DOT 계획에는 시작 면담이나 회기 중 면담을 통해 파악한 부모들의 관심이나 고려사항들을 반영해야 한다. DOT 계획이 회기 계획으로 전환됨에 따라 그룹의 개별 아동에 근거하여 수정된다. 장애아동에게는 개별적인 IFSP 목표가 회기에 삽입될 수 있다. 예를 들면, 타이와 미미

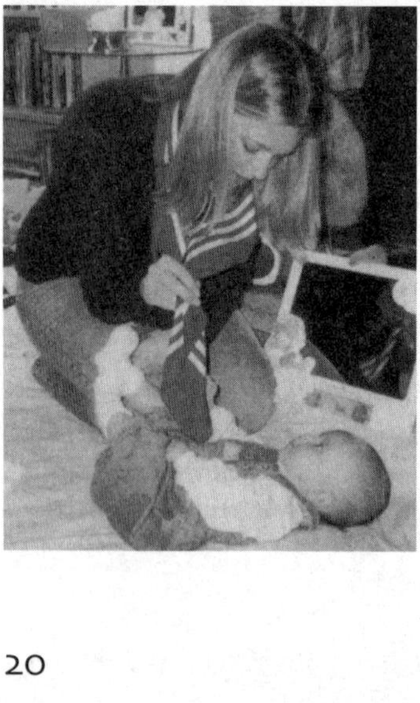

〈표 2〉 DOT 계획

연령 범위: 10~30개월

관찰 주제	관찰 초점
자녀가 환경을 어떻게 탐색하는가	자녀가 흥미를 가지고 참여하는 자료는 무엇인가?
환경	**할 일**
다양한 유형의 사물과 활동들(크고 작은 것, 친숙한 것, 낯선 것, 대·소근육 운동, 물놀이 등), 인형과 자동차가 담긴 상자, 공을 넣은 관 모양의 상자와 공주머니, 양말 상자, 장식 리본이 달린 나무 계단, 물놀이 테이블, 퍼즐, 블록과 트럭	1. 기다리는 동안 자녀가 어떻게 자료를 탐색하는지 관찰한다. 2. 자녀의 행동을 모방한다. 3. 새로운 자료를 더한다. 4. 자녀가 무엇을 하는지에 대해 말한다. 5. 자녀가 어떤 자료에 흥미를 갖는지 관찰한다.
시작 토론	**마침 토론**
소개: 아동들에게 사물이나 사람들을 탐색하도록 동기를 부여합니다. 아동들은 각각 다른 방법으로 탐색하고 다른 자료가 있을 때, 상황에서 편안함을 느낄 때 다르게 탐색합니다. 아동이 무엇을 하고 무엇을 반복해서 하는지 관찰함으로써 우리는 아동이 무엇을 배우려고 하고 무엇을 하려고 하는지 잘 알 수 있습니다. 질문: 언제 자녀가 가장 활동적이었습니까? 자녀가 가장 의욕을 보인 것은 무엇입니까? 가장 오랫동안 놀았던 놀이는 무엇입니까? 당신이 자녀의 놀이에 새로운 것(사물, 활동)	예측: 자녀가 어디에서 얼마나 오래 놀았는지에 놀라셨습니까? 기대한 대로 된 것은 무엇입니까? 예측한 대로 되지 않은 것은 무엇입니까? 질문: 자녀가 한 영역에서 보낸 시간에 영향을 준 것은 무엇입니까(자료의 신기성, 자료의 어려움, 부모 전략)? 자녀의 놀이를 확장시키기 위해 어떤 전략을 사용하셨습니까? 어떤 전략이 효과적이었습니까? 연장: 집에서 자녀가 가장 즐기던 자료는 무엇입니까? 집에 자녀의 놀이를 확장시키기 위해 당신이 사용할 수 있는 자료들이 무엇이 있습니까? 자녀의 놀이를 확장시키기 위해

을 더해 주었을 때 무슨 일이 일어났습니까? **예측**: 자녀가 어떤 자료에 가장 홍미를 보일까요? 자녀가 무엇을 할까요? 자녀가 가장 많은 시간을 보낼 영역은 어디일까요? **주요 관점**: 탐색과 학습이 가능한 적절한 기회가 되었을 때, 편안한 상황일 때, 아동들은 대개 주의를 기울이고 참여합니다(토론 시에 아동이 무엇을 하는지를 예로 제시한다). 아동들은 각각 다른 유형의 자료에 관심을 보입니다. 어른들은 아동들이 하는 것을 확장할 수 있도록 지원함으로써 아동이 홍미를 지속할 수 있도록 돕습니다.	당신이 사용할 전략은 무엇입니까? **주요 관점**: 자녀가 전혀 홍미를 보이지 않거나 또는 지나치게 홍미를 보일 때, 그들은 놀이에 집중하지 못하고 산만해집니다. 또한 아동들은 각각 다르게 탐색하고 다른 사물을 좋아합니다. 자녀들이 좋아하는 사물과 활동을 할 때 좋아하지 않는 것을 할 때보다 더 오랫동안 참여하게 합니다. 아동은 탐색과 참여를 촉진하기 위해 자극과 적당히 어려운 환경을 필요로 합니다. 부모들은 자녀가 계속 홍미를 가지고 활발하게 탐색할 수 있도록 도와줄 수 있습니다.

그룹에서 매니와 타이는 각각 IFSP가 있는 반면 다른 아동들은 없다. 〈표 1〉에서 별표(*)는 개별 아동의 IFSP에 나타난 고려사항, 관심사, 전략 등을 나타낸다. 모든 부모들은 자기 자녀와 다른 아동들을 관찰하여 전형적인 놀이 환경을 통해 자녀의 능력을 분명히 볼 수 있다. 한 엄마는 이런 상황을 다음과 같이 표현했다.

> 저는 연령에 적합한 활동에 관심이 있었어요. 제이크는 발달지체가 심했고 특히 대근육 운동발달에 더 그랬죠. (PIWI는) 각기 다른 단계에서 무엇을 해야 하는지에 대한 나의 기대를 새롭게 해 주었답니다.

PIWI 촉진자들이 자주 사용하는 몇몇 주제들을 〈표 3〉에 제시하였다. 각 아동의 관점이 아동의 발달을 지원하는 중요한 요소임을 촉진자와 부모에게 상기시키기 위해 DOT들은 아동의 관점에서 항상 진술되었다. (가상 놀이와 같은) 어떤 주제들은 특정 발달 단계에 한정된다. (탐색과 같은) 다른 주제들은 다양한 연령 범주에 걸쳐 사용된다. 예를 들면, 출생~4개월 사이의 영아들은 바라보기, 듣기, 손 뻗기, 만지기, 잡기, 움직이기 등으로 탐색하고; 12~18개월 사이의 유아들은 행동 모방하기, 사물 결합하기, 스위치 사용하기, 시

〈표 3〉 DOT의 예

다음과 같이 부모의 이해를 돕는다.

자녀가 무엇을	자녀가 왜
• 하는가? • 느끼는가? • 아는가?	• "자기 스스로 하려고" 시도하는가? • 자기 행동의 한계를 시험하는가?
자녀가 어떻게	**부모들은 어떻게**
• 환경을 탐색하는가? • 학습을 위해 감각을 이용하는가? • 자신의 필요와 요구를 의사소통하는가? • 사물에 대한 흥미를 표현하는가? • 독립성을 표현하는가? • ~인 체(가장)하는가? • 다른 아동과 공유하는가? • 자신의 탐색을 돕도록 성인을 이용하는가?	• 자녀의 자신감을 지원하고 확장시키는가? • 자녀의 능력을 지원하고 확장시키는가?

행착오, 가리키기 등을 통해 탐색하며; 24~36개월 사이의 유아들은 가장하기, 의도한 대로 사물을 사용하기, 질문하기 등으로 탐색한다. 좋은 DOT들은 부모들이 자녀에 대해서 가지고 있는 일반적인 관심사, 선호, 고려사항뿐만 아니라 아동의 관심과 발달적 능력 등을 반영한다. DOT는 아동의 발달적 연령에 적합한 기술의 습득과 연습, 지식, 기질을 촉진한다. 그리고 능동적인 참여나 안내된 관찰 등을 통해 DOT는 아동이 관심을 가지는 것에 부모가 참여할 수 있도록 자료와 활동을 제공한다. 부모들은 한 엄마가 말한 바와 같이 자녀의 발달적 관찰자가 되는 것을 좋아한다.

선생님들은 (회기 동안) 우리가 무엇을 관찰해야 할지 목표를 정해 주었어요. 그건 아이들에게 "와서 놀아라."라고 하는 것보다 "아이들이 어떻게 하는지 보자."는 것이었죠. 저는 제가 무엇을 봐야 하는지 아이와 무엇을 해야 하는지 알게 됐어요.

DOT 계획 개발

〈표 2〉에서 보여 준 것처럼, DOT 계획은 몇 부분으로 이루어져 있고 모든 부분은 회기 계획 개발에 유용하다. DOT 계획은 연령 범위와 일반적인 관찰 주제를 비롯하여 보다 좁은 의미의 주제를 설명하는 관찰 초점이 있다. 이 초점을 기술하는 것은 촉진자에게 그들이 제공할 환경과 그들이 시작 토론과 마침 토론 시 사용할 개방형

질문들을 쉽게 생각할 수 있게 해 준다. 가장 중요한 초점은 부모들이 자녀의 놀이를 지원하는 동안 무엇을 보아야 하는지의 범위를 좁혀 부모의 관찰을 돕는 것이다. DOT를 개발할 때 특히 유용한 세 가지 초점을 맞추는 방법은 ① 아동이 무엇을 하는가(아동이 탐색하고 의사소통하고, 움직이고, 다른 아동에게 접근하고……의 모든 방법은 무엇인가?), ② 다른 환경의 영향(새로운 사물이 있을 때와 친숙한 사물이 있을 때, 크고 작은 운동 자료들, 아무도 없을 때와 북적일 때 등과 같은 때에 무슨 일이 일어나는가?), ③ 특정 성인의 행동의 영향("성인이 참여하거나 뒤에 앉거나, 모방하거나, 아동의 언어를 확장하거나, 아동을 다른 아동에게 더 가깝게 옮기거나 할 때 어떤 일이 발생하는가?")이다.

동일한 관찰 주제는 다른 초점을 맞춤으로써 다양한 방법으로 이용될 수 있다. 예를 들면, 관찰 주제 "다른 아동과 어떻게 상호작용할까?"는 다음 중 하나에 초점을 맞출 수 있다. 이용 가능한 자료의 유형과 숫자에 아동의 놀이가 영향을 받는가? 다른 사람에게 자신의 흥미를 어떻게 표현하는가? 연령이나 성(性)이 다른 아동과 어떻게 노는가? 부모가 아동의 상호작용을 지원할 때 아동은 어떻게 노는가? 따라서 하나의 주제는 각각 다른 초점을 가진 많은 DOT 계획이 될 수 있다. 같은 주제지만 다른 DOT 계획을 이용한 다양한 일련의 회기는 부모들이 다양한 방법으로 자녀의 발달적 측면을 탐구하는 데 특히 효과적이다. 같은 DOT 계획을 주기적으로 재사용하여 자녀들이 하거나, 알고, 느끼는 것에서의 변화를 부모가 관찰할 수 있다. 이는 부모들에게 매우 강화적일 뿐만 아니라 촉진자에게도 아동의 진보에 대한 자료를 수집하는 데 훌륭한 방법이 된다.

DOT 계획의 환경 부분이 잘 설명되고 명확한 초점을 가지고 있다면 이는 실행하기 쉽다. 만약 초점이 '아동이 탐색하는 모든 방법'에 맞춰져 있다면, 촉진자는 선택된 발달적 연령 범위에 적합한 다양하고 광범위한 사물들을 포함시킬 것이다. 또한 초점이 '아동이 새로운 사물과 익숙한 사물을 어떻게 탐색하는가?'에 맞춰져 있다면, DOT 계획은 낯선 장난감과 친숙한 장난감에 대한 특별한 제안을 할 것이다. '해야 할 일'에서는 부모가 이 초점과 관련하여 자녀를 돕는 데 사용할 수 있는 전략을 포함할 것이다. 이를테면, '어떻게 내가 원하는 것과 요구를 의사소통하는가?'란 초점을 지원하기 위해, 부모는 자료를 손이 닿지 않는 곳에 두거나 아동이 올라가기 원하는 미끄럼틀에 앉아 있을 것이다.

시작 토론에는 부모들이 알고 있는 것을 나누고, 정보를 제공하고, 계획된 활동이 관찰에 어떻게 도움이 될지 설명하여 부모들이 관찰을 준비할 수 있게 한다. 소개하는 시간에 촉진자는 일어났던 일이나 주제와 관련한 고려사항들을 부모에게 상기시켜 맥락을 설정하고 이 회기가 주제를 어떻게 보여 줄지를 설명한다. 개방형 질문은 부모들에게 자녀가 무엇을 할지에 대해 생각하고 주제와 관련하여 느낄 수 있도록 돕는다. 좋은 질문은 '자녀가 어떻게 부모에게 ~을 알리는가?' 또는 '~할 때 자녀가 무엇을 하는가?' 등과 같은 것이다. 구체적인 질문 내용은 특정 주제, 초점, 환경에 따라 달라진다.

예측(즉, 짐작하는 것)은 부모가 무엇을 관찰할 것인지에 대해 부모가 주의를 기울이는 것에 초점을 맞춘다. 촉진자가 그날의 계획된 환경에 대해 이야기한 후 부모들은 자녀들이 어떻게 반응할 것인지 추측한다. 안내 질문은 자녀가 무엇을 할지 부모가 생각해 보도록 돕는다. '자녀가 ~에 어떻게 반응할 것이라고 생각합니까?' 또는 '자녀가 무엇을 가장 좋아할 것이라고 생각합니까?' 등이다. 시작 토론의 네 번째 부분인 주요 관점에서는 촉진자가 토론을 요약한다. 주요 관점은 비교적 간단하면서 부모가 이미 알고 있는 내용을 바탕으로 한다.

DOT 계획의 마침 토론 부분은 부모들이 관찰에 대해 생각해 보고, 이것을 다른 환경에서 아동의 행동을 관찰한 것과 연계시키도록 돕기 위해 고안된 것이다. 부모들이 자신의 예측과 관찰을 비교하고, 자신이 한 것을 관찰한 이유에 대해 생각해 보도록 개방형 질문을 사용한다(예: '자녀가 어떤 자료에 계속해서 가는 이유는 무엇입니까?'). 계획의 연장 부분은 부모가 비슷한 관찰을 할 수 있는 가정이나 지역사회에서 시도할 수 있는 것은 무엇인지에 대한 아이디어를 포함한다. 마지막으로 주요 관점시간에는 선택된 특정 초점과 관찰 주제와 맞는 아이디어가 제공된다. 이런 주요 관점은 대개 시작 토론에서 제시된 주요 관점과 매우 유사하지만 관찰한 것을 바탕으로 한다.

저는 마침 토론이 좋아요. 왜냐하면 제가 말했던 것을 인정받기 때문이지요. 우리 아이가 하는 것이 다른 아이가 하는 것과 다르지만

요. 촉진자가 "자녀가 의사소통하는 것을 어떻게 알았습니까?"라고 물을 때 저는 케이트가 다른 아이와는 전혀 다른 의사소통을 하지만 아이의 의사소통 방법을 설명할 수 있었어요. 그리고 촉진자는 제 대답을 인정해 주었어요.

요 약

DOT는 프로그램이 부모에게 자녀의 발달에 대한 정보를 제공하는 데 사용할 수 있는 형식을 제공한다. 자녀의 관점에서 행동을 관찰하고 해석하는 능력은 발달에 지원적인 부모-자녀 간 상호작용의 기초가 되는 민감성과 반응성의 근간이 된다(Bromwich, 1997; Yates, 1993). 좋은 관찰자가 됨으로써 부모는 자녀의 관점에서 환경을 경험할 수 있도록 격려하고, 자녀의 특성과 행동에 대해 이미 알고 있는 것들을 강화하여 자녀의 발달을 부모가 가장 잘 인식하도록 해 준다. DOT는 부모가 아동이 무엇을 하는지, 왜 하는지 관찰하도록 돕고, 부모가 자녀와 상호작용할 때 자신의 행동에 대한 목적을 제공한다. 자녀의 연령이나 능력과 관계없이 모든 부모에게 부모-자녀 그룹의 활동을 흥미롭고 유용하게 하면서 발달적 수준이 아닌 개인차에 초점을 맞추는 것이다. DOT는 PIWI 모델의 한 부분이지만 매우 중요한 부분이다. 이 글의 인용부분에서 보여진 것처럼, 예전의 PIWI 그룹 부모들은 PIWI 목적에 동의하였고 그룹의 목표를 성취하였음을 알 수 있다(McCollum, Gooler, Appl, & Yates, 2001).

다른 부모-자녀 그룹과 마찬가지로 타이와 미미는 타이의 발달적 기초로서 상호작용의 기반을 세울 수 있도록 잘 계획되고 지원적인 환경에서 많은 것을 얻었다. 타이에게는 발달적 주제를 이용하여 자신의 능력을 연습하고 보여 줄 수 있는 기회가 주어졌고, 자신이 이미 하고, 알고, 느낄 수 있었던 것을 더욱 확장할 수 있었다. PIWI는 자신의 능력과 학습자로서의 자신에 대한 확신을 얻을 수 있는 환경이 제공되었다. 미미에게는 DOT가 타이의 능력에 대한 만족을 경험하고 타이가 하는 것에 영향을 미치는 개인적 특성과 환경을 이해하고, 타이의 경험을 확장시키기기 위해 자신이 무엇을 할 수 있는지에 대한 아이디어를 개발할 수 있도록 맥락을 제공하였다. 이것은 또한 타이의 발달과 학습을 돕는 자신의 역할에 대한 확신과 만족을 얻게 하였다. DOT는 영유아와 그 가족들에게 이러한 중요한 목표를 성취할 수 있도록 조기중재자에게 주의 깊게 계획된 홍미로운 방법을 제공한다.

주

Jeanette A. McCollum의 연락처: 이메일 jmccollu@uiuc.edu
본 연구에 서술된 활동은 미국 교육부 특수교육국 연구보조금(H029K60102와 H024D60042)의 지원을 일부 받은 것이다.

참고문헌

Bromwich, R. M. (1997). *Working with families and their infants at risk: A perspective after 20 years of experience*. Austin, TX: Pro-

Ed.

Browne, B. C., Jarrett, M. H., Hovey-Lewis, C. J., & Freund, M. B. (1995). *Developmental play group guide*. Tucson, AZ: Communication Skill Builders.

Conrad, B., Gross, D., Fogg, L., & Ruchala, P. (1992). Maternal confidence, knowledge, and quality of mother-infant interactions: A preliminary study. *Infant Mental Health Journal, 13*(4), 353-362.

Mahoney, G., Boyce, G., Fewell, R. R., Spiker, D., & Wheeden, C. A. (1998). The relationship of early intervention services for at-risk children and children with disabilities. *Topics in Early Childhood Special Education, 18*(1), 5-17.

McCollum, J. A., & Bair, H. (1994). Research in parent-child interaction: Guidance to developmentally appropriate practice for young children with disabilities. In B. L. Mallory & R. S. New (Eds.), *Diversity and developmentally appropriate practice: Challenges for early childhood education* (pp. 84-106). New York: Teachers College Press.

McCollum, J. A., Gooler, F., Appl, D., & Yates, T. J. (2001). PIWI: Enhancing parent-child interaction as a foundation for early interventions. *Infants and Young Children, 14*(1), 34-45.

McCollum, J. A., & Yates, T. J. (1994). Dyad as focus, triad as means: A family-centered approach to supporting parent-child interactions. *Infants and Young Children, 6*(4), 54-63.

Yates, T. J. (1993). *Determinants of parent-infant interaction in adolescent mothers*. Dissertation completed in partial fulfillment of the degree in Doctor of Philosophy in Education, University of Illinois, Champaign, IL.

반응적 대화

자연적 언어 교수 기회의 고안

Ann P. Kaiser, Ph.D., Vanderbilt University
Elizabeth M. Delaney, Ed.D., University of Illinois at Chicago

교사와 아동의 대화는 어린이집이나 유치원에서의 자연적인 교수와 학습의 닻이 된다. 특정 활동과 아동의 즉각적인 흥미가 대화의 주제를 정하지만, 대화를 지속하게 하는 교수학습을 위한 아동, 활동, 기회에 대한 이야기에 비계를 설정하는 것은 교사의 기술이다. 대화를 통해 아동은 어떻게 말하고, 무엇에 대해 말하고, 의사소통 상대자에게 어떻게 반응하고, 주제와 가장 중요한 자연적 환경에서의 새로운 정보를 어떻게 유지하고 확장하는지 배운다.

실제 아동과 교사 간 대화에서 가장 중요한 요소는 반응적 상호작용이다(Weiss, 1981). 반응적 상호작용은 일련의 전략적 행동(예: 아동의 주도 따르기, 아동의 구어/비구어적 시작행동에 반응하기, 의미 있고 맥락에 맞는 피드백 제공하기, 아동의 발화 확장하기)을 포함한다. ① 대화에서 아동의 흥미를 유지하고, ② 아동의 현재 언어보다 약간 높은 수준의 언어 모델을 제공하는 것이다. 반응적 상호작용은 발달적으로 지원적인 부모-자녀의 상호작용 패턴에 기초하고 자폐 아동(Kaiser, Hancock, & Nietfeld, 2000)과 발달지체 아동(Yoder et al., 1995)을 위한 자연적 언어 중재 기술로 효과가 있는 것으로 나타나고 있다.

교실에서의 대화는 시간과 교사의 주의를 요구한다. 교사는 아동과 대화에 참여하고, 아동의 참여를 확장하고, 진행 중인 대화에 새롭고 기능적인 정보를 더할 수 있는 기술이 있어야 한다. 아동과 교사 간의 전형적인 의사소통적 상호작용은 대개 교사의 한두 절의 말과 아동의 간단한 반응으로 이루어진다(Kaiser & Hester, 1995). 이러한 상호작용에서 아동은 교사가 다른 아동이나 활동으로 관심을 돌리기 전에 반응할 수 있는 충분한 시간을 갖지 못할 수 있다. 많은 교사-아동 간의 상호작용은 교사 주도의 교수 상황, 수업, 기계적이거나 이미 알고 있는 정보의 수행이다. 이러한 일상적인 대화가 교실에서 이루어지지만 이러한 대화가 자연적 맥락에서의 풍부한 학습 기회를 제공하지 않는다.

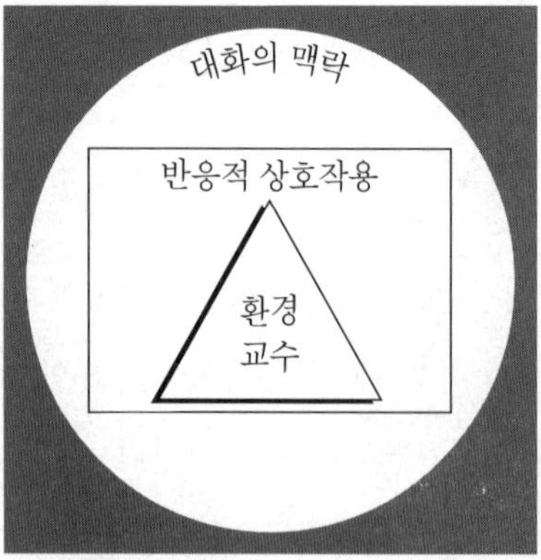

[그림 1] 강화된 환경 교수

이 글에서 우리는 아동과의 대화에서의 세 가지 중요한 측면을 논의하고자 한다. ① 교실에서 대화하기, ② 대화의 기초인 반응적 상호작용 전략 사용하기, ③ 특정 기술을 가르치기 위해 자연적 언어 촉진 삽입하기. [그림 1]은 이러한 요소들의 도식을 제공한다. 우리의 논의는 부모와 교사들을 포함한 조기 언어 중재에 대한 연구를 바탕으로 한다(Barnard, 1997; Delaney & Kaiser, 2001; Fey, 1986).

대화 시작하기

성인과 아동이 의미 있는 대화를 나누기 위해서는 일대일 상호작용을 할 수 있는 시간이 매일의 학급 시간표에 계획되어야 한다. 이야기 나누기 시간, 소그룹 시간, 실외놀이, 자유놀이 시간의 활동은 교사의 지속적인 지도 없이 아동들이 참여를 지속할 수 있는 활동들을 선택하고 배치하여야 한다. 그러면 대부분의 아동들이 독립적으로 참여할 때, 교사는 개별 아동과 짧은 대화를 할 수 있다. 독립적인 활동을 계획하고, 아동과의 대화를 위한 특정 시간을 계획하고, 개별적인 대화의 실제적인 발생을 모니터링하는 것이 성인-아동 간 대화에 필요하다. 계획을 해도 개별 아동과의 대화를 위한 시간은 그룹 상황에서는 제한적이다. 따라서 성인은 되도록 빨리 효과적으로 아동과의 대화의 장에 참여해야 한다.

〈표 1〉은 대화 시작하기의 5단계를 요약한 것이다. 첫째, 아동의 공간에 참여한다. 아동과 같은 높이로 앉고 눈맞춤을 하거나 비구어적으로 아동과의 관계를 형성한다. 미소 짓고, 부드럽게 아동을 쓰다듬거나, 관련된 자료를 건네줌으로써 아동의 주의가 활동에서 멀어지지 않게 하면서 아동의 활동에 관심이 있음을 알린다. 둘째, 이야기를 시작하기 전에 아동이 활동하는 것을 잠깐 동안 바라본다. 이는 매우 중요한 일이다. 아동의 활동을 바라보면, 이 비구어적 의

〈표 1〉 유아와 대화 시작하기

1. 아동의 눈높이에 맞게 가까이 앉기, 시각적 · 신체적 접촉하기
2. 아동이 하는 것을 보고 아동이 전하는 의사를 알아차리기
3. 아동의 활동 계획 따르기
4. 아동의 자료와 성인의 자료를 연관시키기
5. 아동의 놀이를 확장시키기

사소통이 대화의 주제를 제공하고 아동과의 대화의 장으로 들어갈 시점을 알려 준다.

셋째, 아동의 활동 계획을 따른다. 질문을 하기보다 무엇을 하고 있는지를 언급하면서 시작한다. 이는 아동의 활동에 대해 지나치게 간섭하지 않으면서 아동과 아동의 활동에 대한 긍정적 관심을 표시하는 것이 된다. 성인이 보이는 긍정적인 애정과 놀이에 함께하려는 태도는 아동에게 대화와 상호작용의 신호가 된다. 또한 성인은 아동에게 단서를 계속해서 준다. 만약 아동이 성인의 접근을 거부하거나 성인이 자신의 놀이에 참여하는 것을 원치 않는다면 뒤로 물러서서 대화하기 좋은 시간을 기다린다.

넷째, 아동이 접근을 허용한다면 상호작용(대화)에 들어가기 위해 아동과 같은 자료를 사용한다. 자료를 아동의 옆에 놓고 아동의 행동을 모방하는 것으로 시작한다. 예를 들어, 비슷한 탑을 쌓거나, 같은 그림을 그리거나 같은 리듬으로 찰흙을 문지른다. 그다음 아동에게 자료를 맞바꾸자고 제안하거나 아동의 활동에 참여한다. 교대로 탑에 블록을 올리거나 같은 종이에 그림을 그리거나 아동이 필요로 하는 만큼의 찰흙을 더 줌으로써 아동의 활동에 참여할 수 있다.

다섯째, 아동과의 놀이가 좀 더 상호적이 되었을 때, 아동이 정확히 무엇을 하는지 설명하고 놀이 주제를 정교하게 한다. 예를 들어, 아동이 찰흙으로 뱀을 만들면 성인은 다른 동물을 만들 찰흙을 주고 각 동물들에 대해 말하고 그 동물들을 그룹 짓거나 명명할 수 있다.

아동: 찰흙을 밀어서 뱀을 만들고 있다.
성인: "뱀을 만들었구나. 굉장히 기네."
성인: 아동에게 찰흙을 더 주고 기다린다.
아동: 다른 뱀을 만든다. "뱀."
성인: "다른 뱀이네. 뚱뚱한 뱀이구나."
성인: 아동에게 찰흙을 더 주고 기다린다.
아동: 다른 뱀을 만든다. " 또 뱀."
성인: "하나, 둘, 셋. 세 마리 초록 뱀을 만들었구나."

성인은 지시하기보다 설명하듯이 말한다. 직접적인 명령이나 교수는 주도권을 아동에게서 성인에게로 옮겨 가게 하고 불균형적인 상호작용이 되게 한다. 아동의 주도를 따르는 것이 목적이고 아동의 즉각적인 흥미를 중심으로 대화를 시작한다.

만일 아동이 교사의 말에 구어적인 반응을 보이거나 제안을 자신의 놀이에 포함시키는 등의 반응을 보인다면 성인은 아동의 발화나 놀이를 확장하여 대화를 지속한다. 아동에게 새 자료를 주거나 자료를 사용하는 새로운 방법을 보여 주면 상호작용을 좀 더 확장시킬 수 있다.

> 아동: 찰흙을 밀어서 뱀을 만들고 있다. 그리고 과자 틀을 사용하여 토끼를 만든다.
> 성인: "뱀이랑 토끼를 만들었구나. (잠시 있다가) 네가 만든 동물들로 동물원을 만들 수 있겠다."
> 아동: "좋아, 동물원."
> 성인: 뱀 주위에 블록을 놓아 둔다. "뱀 우리를 만들었어."
> 성인: 아동에게 블록을 준다.
> 아동: 블록을 토끼 주위에 놓는다. "만들었어."
> 성인: "토끼 우리를 만들었구나."

반응적 상호작용 전략 사용하기

일단 아동과 성인이 상호작용을 시작하고 성인이 긍정적이고 비지시적인 방법으로 아동의 활동에 참여하면, 성인은 아동의 참여를 의미 있고 연령적합한 대화의 발판으로 삼을 수 있다. 반응적 상호작용(Responsive Interaction: RI) 전략은 아동이 능동적으로 대화에 참여하게 하고 의사소통 및 장애 아동의 언어발달을 지원할 수 있다(McLean & Woods-Cripe, 1997). RI 전략은 대화 중심의 자연적 교수에서 중요한 성인의 행동이다(Kaiser, Hancock, & Hester, 1998;

〈표 2〉 반응적 상호작용 전략

성인의 기술	이론적 근거
1. 구어적, 비구어적 성인-아동의 차례(turns)를 균형 있게 한다.	상호작용을 위한 대화의 틀을 고안한다; 상호작용에서 아동이 동등한 역할을 할 수 있게 한다.
2. 성인은 발화 후 잠시 멈춘다.	아동이 시작하는 발화를 격려한다; 차례의 균형을 유지한다.
3. 비구어적 행동에 구어적으로 반응한다.	성인이 아동의 활동에 참여하고 있음을 아동에게 알려 준다; 아동의 행동을 단어로 연결시켜 준다.
4. 아동의 언어에 대한 의미론적 피드백을 준다.	의미 있고 관련된 반응은 아동의 의사소통을 격려하고 맥락에 맞는 언어 모델을 제공한다.
5. 성인과 아동이 무엇을 하는지에 대하여 언어로 시범 보인다.	맥락을 면밀히 계획하고 특정 언어 형식을 소개한다.
6. 적은 수의 실제적인 질문을 한다.	적은 횟수의 실제적인 성인의 질문은 상호작용의 균형을 유지하게 하고 아동이 더 오래, 더 많은 반응을 하게 한다.
7. 아동 발화를 확장한다.	좀 더 복잡한 언어 형식을 동시에 시범 보이고 주제를 지속하는 동안 성인이 듣고 있고, 아동의 말을 이해하고 있음을 아동에게 알려 준다.
8. 교수의 횟수를 줄인다.	아동이 순응하게 하고 대화의 균형을 유지하기 위해 중요한 행동일 때만 지시를 한다.

Weiss, 1981). 〈표 2〉는 대화에 함께 사용할 수 있는 전략을 나열하였고, 이 전략들의 이론적 근거를 보여 준다. 〈표 3〉은 RI 전략을 어

떻게 아동이 대화에 참여하면서 동시에 언어발달을 지원하도록 사용할 수 있는지 보여 주는 성인-아동 간 대화의 예이다. 이 예에서 성인과 아동은 비슷한 횟수의 차례를 갖는다(RI 전략 #1). 성인은 아동의 말의 의미를 명확히 할 목적으로만 질문을 한다(RI 전략 #6). 대화의 말투는 재미있어야 한다. 성인은 각각의 아동의 말에 의미 있고 관련된 말로 반응하거나(RI 전략 #4) 아동의 발화를 확장한다(RI 전략 #7). 전략적인 일시 중지는 아동에게 정보를 처리하고 적절한 반응을 할 시간을 준다(RI 전략 #2). 각 차례 후 3~5초간의 일시 정지는 성인이 아동 차례의 빈도와 길이를 일치시키도록 하고 아동이 대화의 속도를 정하도록 돕는다(RI 전략 #1).

대화에 새로운 언어를 시범 보이기

아동과의 대화에서 가장 중요한 기능 중 하나는 의미 있고 일상적인 맥락에서 새로운 언어에 대한 시범을 보이는 것이다. RI 전략은 새로운 언어를 대화에 시범 보이는 이상적인 방법이다. 아동은 성인이 ① 사물과 사건을 명명하고, ② 행동을 자세히 설명하고, ③ 일반적인 대명사를 사물과 사람, 장소에 대한 특별한 명칭으로 대체할 때 새로운 단어를 학습한다. 성인이 아동의 놀이 일정을 따를 때, 아동의 놀이 자료와 행동을 명명하고 이러한 명칭을 대화를 통해 일관되게 사용할 기회를 갖게 된다. 이를테면, 성인이 아동의 물놀이에 참여할 때, 자료의 이름을 부르고(예: 물레방아, 양동이, 스펀지, 컵, 비누), 아동의 행동을 묘사하는 동사를 소개한다(예: 붓다, 쥐어짜다, 채우다, 닦다).

〈표 3〉 언어시범과 대화 확장을 위한 반응적 상호작용의 사용

성인과 아동이 아동용 탁자 앞에 나란히 앉아 두 장의 도화지에 크레용으로 그림을 그리고 있다. 성인은 말할 때 가끔 아동을 바라본다. 아동은 흔들의자에 앉아 있고 성인은 아동과 같은 높이로 마룻바닥에 앉아 있다.

아동: 종이에 쓰인 글자 "P"를 가리킨다.
성인: "'피자' 할 때 P야." [아동의 비구어적 행동을 설명하기]
아동: "네."
성인: "난 피자가 좋아." [의미론적 피드백; 주제에 대한 언어시범 보이기]
아동: "응."
성인: "페퍼로니 들어간 거." [의미론적 피드백; 주제에 대한 언어시범 보이기]
아동: "초콜릿도."
성인: "초콜릿 피자?" [아동의 의미에 대한 실제적인 질문]
아동: "초콜릿 아이스크림."
성인: "체리 얹은 초콜릿 아이스크림." [아동의 발화 확장하기]
아동: "어, 어, 딸기 얹은 초콜릿."
성인: "초콜릿 소스와 딸기 얹은 초콜릿 아이스크림." [아동의 발화 확장하기]
(일시 중지)
아동: "초콜릿도."
성인: "음, 난 바닐라가 좋아." [의미론적 피드백; 주제 유지하기]
아동: "바닐라랑……."
(일시 중지)
성인: "바닐라 아이스크림." [아동의 발화 확장하기]
아동: "초콜릿도."
성인: "초콜릿 소스 얹어서" [아동의 발화 확장하기]
아동: "그리고……."
(일시 중지)
성인: "그리고 생크림이랑" [아동의 발화 확장하기]
아동: "생크림."
성인: "난 생크림이 좋아." [의미론적 피드백; 주제 유지하기]

성인: "나랑 앉아서 색칠해 줘서 고마워." [칭찬; 아동 행동 설명하기]
아동: "난, 난 흔들거려."
성인: "흔들거리면서 쓰고 있어." [아동의 발화 확장하기]
아동: "음." 오늘 아까 배운 노래를 흥얼거린다.
성인: "노래 부르는구나." [의미론적 피드백; 아동의 행동 설명하기]

아동: 물을 물레방아에 붓는다.
성인: "물 부어." (성인이 붓는다.)
아동: "물." (아동이 붓는다.)
성인: "물 부어." (성인이 붓는다.)
아동: "또 물." (아동이 붓는다.)
성인: "또 물 부어." (성인이 붓는다.)

대화를 하는 동안 같은 명칭을 사용하는 것은 어휘가 지체된 아동에게 맥락 속에서 단어를 들을 수 있는 여러 번의 기회를 제공한다. 시범은 항상 아동의 즉각적인 행동과 관심이 따라야 하지만, 지도 계획을 세워 효과적인 시범을 보일 수 있다. 특정 활동을 묘사하는 데 사용할 어휘(명사, 동사, 형용사, 전치사)와 단문장(2-, 3-, 4- 단어 발화) 리스트를 준비하는 것과 이러한 리스트를 활동 자료와 함께 보관하여 바쁜 교실에서 자연스럽게 시범을 보일 수 있다.

또한 성인-아동 간 대화는 정교한 구와 문장을 가르칠 기회를 제공한다. 성인이 아동의 주제에 대한 대화를 확장하는 동안 성인은 정교한 언어형식을 다음과 같이 시범 보일 수 있다. ① 재진술하기, ② 아동의 발화를 확장하기(RI 전략 #7), ③ 아동의 행동을 구체적으로 칭찬하기(RI 전략 #3), ④ 아동 및 다른 행동을 설명하기(RI 전략 #5). 첫째, 아동의 발화를 명사나 동사 구를 첨가해 구체적으로 재진술한다.

아동: "나무를 칠해."
성인: "나무를 칠했어."

재진술은 아동 발화의 의미론적 주제를 즉각적으로 유지하고 정확한 문법적인 구조를 보여 준다(Farrar, 1990). 둘째, 자신의 행동과 의도를 보다 완벽하게 표현할 수 있도록 아동의 발화를 확장한다.

아동: "차 떨어져."
성인: "차가 테이블에서 떨어졌어."

확장은 아동의 현재 언어와 추가적인 의미론적 정보를 연결시킨다. 종종 아동은 나중에 대화할 때 자발적으로 확장을 모방하거나 새로운 정보를 사용한다. 셋째, 아동의 행동을 구체적으로 칭찬함으로써 새로운 언어형식을 시범보인다(예: "예쁜 차를 그렸구나."나 "선반에 블록을 쌓아 줘서 고마워."). 넷째, 새로운 언어형식을 시범보이기 위해 평행 행동을 설명한다(예: "네 친구 크리스틴은 아기에게 우유를 주고 있구나."). 평행 행동의 설명은 또한 다른 아동을 놀이 순서에 참여하게 하고 아동 간 대화를 촉진하는 데 사용할 수 있다.

다른 전략으로는 새로운 정보를 얻고 아동의 발화에 반응하기 위해 언어시범을 보일 기회를 만들기 위해 실제적인 질문을 하는 것이 있다(RI 전략 #6). 질문을 주의 깊게 선택한다. 개방형 질문을 적게 사용하는 것이 대화에 도움이 되며, 아동이 좀 더 길게 구체적인 발화를 하는 데 도움이 된다. "또 무엇을 그릴거니?" 나 "어떤 동물이 네 나무를 찾아올까?" 와 같은 질문은 아동들이 특정 어휘를 사용하도록 격려한다. 예/아니요 질문(예: "다른 나무를 그릴 거니?")과 '시험'을 보는 듯한 질문(예: "가지는 무슨 색이니?")은 종종 단단어 반응을 낳는다. 언어장애 아동에게 예/아니요 질문과 시험 같은 질문은 성인이 아동의 반응을 대화의 발판으로 삼거나 부가적인 정교화를 하지 않는 한 대화가 너무 빨리 끝나게 만든다.

대화 중에 촉진을 사용하여 언어 교수하기

시범, 요구-모델, 시간 지연 등과 같은 언어적 촉진은 새로운 의사소통 기술을 가르치는 데 효과적인 자연적 전략이다(Hemmeter & Kaiser, 1994; Kaiser, 1998). 대화에 촉진 전략을 사용하기 위한 열쇠는 아동이 관심을 갖고 촉진에 대해 반응할 동기가 있을 때에만 가르친다는 것이다. 아동이 요구할 때 가르치는 것이 가장 쉬운 일이다. 그러나 대화의 흐름을 방해하지 않고 요구에 대해 가르칠 기회는 상대적으로 적다. 분명한 긍정적 결과(즉, 아동에게 맞는 강화제)를 가져올 기회를 선택해야 하고, 촉진과 후속 결과가 가능한 한 자연적이도록 한다. 자연적 교수 상황은 대화의 흐름을 유지하기 위해 단지 두 개의 촉진(처음의 촉진과 아동이 반응하지 않거나 부정확하게 반응할 경우 후속 촉진)만을 포함한다. 만약 아동이 흥미를 잃으면, 교수 기회는 없으며, 아동의 새 주제로 전환해야 한다.

아동이 언어형식을 독립적으로 사용할 수 없을 때에는 유도적인 시범을 사용한다. 사물이나 활동에 공동의 관심이 형성되었을 때 교사는 아동의 행동과 직접적으로 관련된 동사 시범을 보인다. 아동이 첫 번째 또는 두 번째 촉진 후에 시범을 정확하게 모방하면, 교사는 아동에게 즉각적이고 긍정적인 피드백을 준다.

아동: 젖병에 손을 뻗는다. [아동 요구]
성인: "'젖병 주세요.' 하고 말해." [시범]
아동: "젖병."
성인: "젖병 주세요." [교정적 시범]
아동: "젖병 주세요."
성인: 아동에게 젖병을 준다. [피드백과 아동의 요구에 대한 응답] "그래, 아기에게 줄 젖병 여기 있어."

가령, 아동이 언어시범을 정확하게 모방하지 않으면, 교사는 언어시범을 다시 하고 놀이와 대화를 계속한다.

아동: 젖병에 손을 뻗는다.
성인: "'젖병 주세요.' 하고 말해." [시범]
아동: "젖병."

성인: "젖병 주세요." [교정적 시범]

아동: "젖병."

성인: "젖병 달라고." 아동에게 젖병을 준다. [피드백과 아동의 요구에 대한 응답]

요구-모델 절차(Rogers-Warren & Warren, 1980)는 질문(예: "무엇을 원하니?), 선택(예: "젖병 줄까? 스푼 줄까?"), 요구(예: "네가 무엇을 원하는지 말해 봐.")를 할 때 비모방적 구어 촉진을 포함한다는 점에서 시범과 다르다. 요구를 효과적으로 사용하기 위한 열쇠는 아동이 실제로 선택할 기회를 주는 것이다. 이때 아동이 정확하게 반응하면, 즉각적인 강화가 뒤따라야 한다. 하지만 아동이 요구에 부정확하게 반응하면, 성인은 시범을 제공한다.

성인: "포크 줄까? 스푼 줄까?" [선택 요구]

아동: 스푼에 손을 뻗는다.

성인: "'스푼 주세요.' 하고 말해." [시범]

아동: "스푼."

성인: "'스푼 주세요.' 하고 말해." [교정적 시범]

아동: "스푼."

성인: "스푼 달라고." 아동에게 스푼을 준다. [피드백과 아동의 요구에 대한 응답]

의사소통을 할 때 아동이 비구어적 환경 단서에 반응하도록 가르치기 위해 시간 지연절차(Halle, Baer, & Spradlin, 1981)를 사용한다. 시간 지연절차를 사용할 때, 아동이 자신의 의도를 비구어적으로 신호를 보이면 교사는 잠시 멈춘다. 아동이 구어적으로 반응하면, 교사는 아동의 의사소통 시도에 반응한다. 만약 아동이 말하지 않으면 교사는 아동의 발화를 좀 더 돕기 위해 시범을 보인다.

성인: 보이지만 손이 닿지 않는 곳에 작은 장난감이 가득 담긴 바구니를 3초 동안 들고 있는다. [시간 지연]

아동: 장난감에 손을 뻗는다.

성인: "'장난감' 하고 말해." [시범]

아동: "장난감."

성인: "장난감 여기 있어." 아동에게 장난감을 주고 놀이를 계속한다. [피드백과 아동의 요구에 대한 응답]

효과적인 자연적 촉진은 아동과 성인 간의 의사소통 흐름을 방해하지 않는다. 대화는 지속되고 촉진을 받거나 도움을 받는 의사소통에서 아동의 의사소통 시도와 반응으로 재빨리 옮겨 간다. 성인과 아동 간 15~20번의 의사소통 차례 동안 한 번 이상의 촉진이 있어서는 안 된다. 의사소통과 지속적인 대화가 주목적이며, 특정 언어 촉진은 두 번째 목적이다.

결 론

대화는 교사와 아동 간 발전된 사회적 상호작용의 한 형태다. 교실에서 대화하는 것은 아동의 학습, 특히 언어학습을 돕는 투자다. 교사는 아동의 흥미와 활동을 따르는 확장된 상호작용에 신체적, 구어적 관심을 둠으로써 대화의 장을 만든다. 반응적 상호작용 전략을 사용함으로써 대화에 아동의 참여를 지속시키고 상황에 맞는 다양한 어휘와 복잡한 새 어휘를 시범 보인다. 상황에 맞고 기능적인 언어를 대화에 삽입하여 아동이 적절한 언어사용을 하도록 가르친다.

주

본 연구는 가족, 청소년, 아동의 헤드스타트 정신건강 파트너십 프로그램의 집행부(90YM002)와 정신건강연구소(R01MH54629)의 지원을 일부 받았다.
Ann P. Kaiser의 연락처: 이메일 ann.kaiser@vanderbilt.edu

참고문헌

Barnard, K. E. (1997). Influencing parent-child interactions for children at-risk. In M. J. Guralnick (Ed.), *The effectiveness of early intervention* (pp. 249-268). Baltimore: Paul H. Brookes.

Delaney, E. M., & Kaiser, A. P. (2001). The effects of teaching parents blended communication and behavior support strategies. *Behavioral Disorders, 26*(2), 93-116.

Farrar, M. J. (1990). Discourse and the acquisition of grammatical morphemes. *Journal of Child Language, 17*(3), 607-624.

Fey, M. E. (1986). *Language intervention with young children.* Boston: Allyn and Bacon.

Halle, J. W., Baer, D. M., & Spradlin, J. E. (1981). Teacher's generalized use of delay as a stimulus control procedure to increase language use in handicapped children. *Journal of Applied Behavior Analysis, 14*(4), 387-400.

Hammeter, M L., & Kaiser, A. P. (1994). Enhanced milieu teaching: Effects of parent-implemented language intervention. *Journal of Early Intervention, 18*(3), 269-289.

Kaiser, A. P. (1998). Teaching functional communication skills. In M. E. Snell (Ed.), *Instruction of students with severe disabilities* (5th ed.) (pp. 453-492). New York: Macmillan.

Kaiser, A. P., Hancock, T. B., & Nietfeld, J. P. (2000). The effects of parent implemented enhanced milieu teaching on the social communication of children who have autism. *Journal of Early Education and Development, 11*(4), 423-446.

Kaiser, A. P., & Hester, P. P. (1995). How everyday environments support children's communication. In L. K. Koegel, R. L. Koegel, & G. Dunlap (Eds.), *Positive behavioral support* (pp. 145-162). Baltimore: Paul H. Brookes.

McLean, L. K., & Woods-Cripe, J. (1997). The effectiveness of early intervention for children with communication disorders. In M. J. Guralnick (Ed.), *The effectiveness of early intervention* (pp. 349-428). Baltimore: Paul H. Brookes.

Rogers-Warren, A. K., & Warren, S. F. (1980). Mands for verbalizations: Facilitating the display of newly trained language in children. *Behavior Modifications, 4*(2), 361-382.

Weiss, R. S. (1981). INREAL intervention for language handicapped and bilingual children. *Journal of the Division for Early Childhood, 4*(1), 40-52.

Yoder, P. J., Kaiser, A. P., Goldstein, H., Alpert, C., Mousetis, L., Kaczmarek, L., & Fischer, R. (1995). A comparison of milieu teaching and responsive interaction in classroom applications. *Journal of Behavioral Education, 19*(3), 151-171.

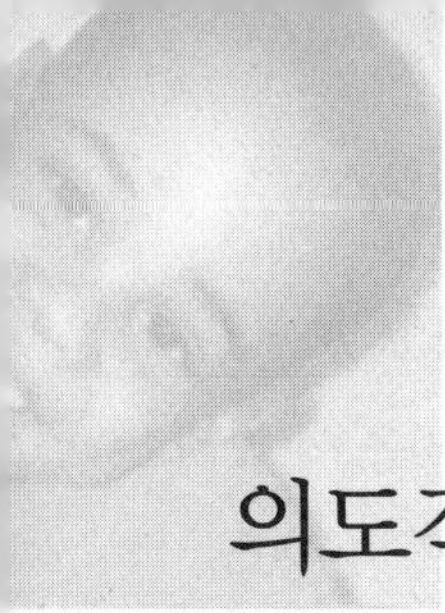

의도적 의사소통 발달의 촉진

Rebecca B. McCathren, Ph.D., University of Missouri
Amy L. Watson, B.S., University of Missouri

인생의 초기에 일어나는 가장 중요한 발달 이정표 중 하나는 기본적인 요구에 대한 비의도적 의사소통에서 의도적 의사소통으로의 전환이다. 아동이 의도적 의사소통을 하게 되면 보다 복잡한 사회적 상호작용에 더 많이 참여하게 된다. 이러한 상호작용은 인지발달과 사회-정서발달에 중요하다. 이 전환은 환경에 대한 아동의 통제력을 높이고, 다른 사람과 의사소통할 때 행동을 해석하는 능력을 향상시킨다. 이 두 가지는 중요한 인과관계를 학습하고, 환경에서의 사건과 사물을 명확히 파악하고, 보다 복잡한 놀이 행동에 참여하는 데 필수적이다(Bloom, 1993). 그러나 가장 중요한 것은 이러한 전환을 통해 아동 스스로가 자신의 행동이 사람들에게 중요한 영향을 미친다는 것을 이해한다는 것이다. 이러한 기본적인 이해 없이는 아동이 다른 사람과의 말, 수화, 또는 대안적 의사소통 체계 등의 의미 있는 의사소통 패턴을 사용하는 능력을 발달시킬 수 없다(Bloom, 1993). 이처럼 중요한 전환이 많은 특수교육 요구아동에게 지체되거나 전혀 나타나지 않아 언어발달을 방해하고 있다.

발달의 교류적 모델(Wetherby, Warren, & Reichle, 1998)은 이 논문의 이론적 기초를 제공한다. 교류적 모델은 아동과 환경이 상호 영향을 미친다고 본다. 아동의 변화는 이후 아동 발달을 지원하는 양육자의 반응에 따라 변한다.

어떻게 유아가 의도적 의사소통자가 되어 가는가

전의도적인 전언어적 의사소통

3개월 된 타미카는 꿈틀거리며 움직이기 시작했고 하소연을 하는 듯한 짧은 울음을 울기 시작했다. 아빠가 이를 알아차리고 "저런, 배가 고프구나."라고 말하며 젖병을 물렸다. 영아의 행동은 내적 상태에 대한 반응이고 세상에 대해 영향을 미치려는 의도는 없다. 영아의 행동은 주위에 자신의 행동을 해석하고 반응해 주는 성인이 있기 때문에 의사소통적일 뿐이다. 타미카는 아빠에게 우유를 달라고 울지는 않는다. 대신, 자신이 불편할 때 운다.

이 의사소통의 초기 단계는 발화 매개적인(perlocutionary) 행위(Bates, 1976)라고 하며 전의도적인 전언어적 의사소통으로 설명할 수 있다. 이것은 의사소통하려는 의도로 사용되지 않았기 때문에 전의도적이며, 언어(즉, 단어)발달 이전에 발달했기 때문에 전언어적이다. 영아가 이 발달 단계일 때 성인은 아기에게 길게 말하는 것처럼 하여 긍정적인 관계를 알린다. 말(단어)보다는 말의 운율, 아동-

성인 간 정서적 일치, 통하고 있다는 느낌 등이 더 중요하다.

6개월 된 마이클이 높은 의자에서 바닥으로 과자를 떨어뜨렸다. 마이클은 과자를 향해 손을 뻗어 보고, "나, 나, 나."라고 소리를 낸다. 엄마는 바닥의 과자를 주워서 마이클에게 준다. 마이클의 행동은 아직 전의도적인데, 이는 의사소통 파트너를 포함하지 않고 사물이나 사건에 관심을 두고 있기 때문에 전의도적이다. 이 발달 단계에 있는 영아는 소리를 내고 손에 닿지 않는 사물에 손을 뻗을 수 있으나 성인이 그 사물을 가져다주기를 바라는 의도를 가지고 행동하지는 않는다.

전의도적 의사소통에서 의도적 의사소통으로 전환하기

9개월 된 후안은 젖병을 바라보지만 젖병은 손에 닿지 않는 곳에 있다. 후안은 손을 뻗어 아빠가 젖병을 줄 때까지 "바-다-다."라고 소리를 낸다. 11개월 된 새

라는 밖에서 나는 사이렌 소리를 듣고 소리 나는 방향으로 손가락을 가리키며 시선은 손가락이 향하는 곳과 엄마 사이를 번갈아 본다. 이때 엄마가 " 불자동차야, 시끄럽지."라고 말할 때까지 계속 양쪽을 번갈아 본다. 이 시기의 아동들의 의사소통 행동에는 이전의 예에서는 없었던 새로운 요소가 들어 있다. 이 아동들은 이제 자신의 의사소통 행동에 성인을 포함시키고 성인과 의사소통하려는 의도를 보

인다. 9~10개월 된 정상발달 영아는 전의도적 의사소통에서 의도적 의사소통으로의 전환을 표시하는 의사소통 기술을 보인다.

의도성은 통합적 시선(coordinated attention)의 사용을 통해 알 수 있다. 통합적 시선은 아동이 의사소통의 초점이 되는 사건이나 사물과 성인 사이를 번갈아 보는 능력이다. 의도성의 또 다른 특징은 집요함이다. 아동은 요구가 충족되거나 요구가 충족되지 않을 거라는 것이 명백해질 때까지 그 행동을 계속할 것이다.

언어발달을 촉진하는 성인 행동

영아가 의도적 의사소통자가 되었을 때 성인은 언어발달을 촉진하는 방법으로 반응하는 경향이 있다. 성인은 짧은 문장으로 말하고 구체적인 단어와 '유아어(parentese, 아동을 향한 언어에 대한 대부분의 연구 초점이 엄마에게 맞춰졌기 때문에 'motherese' 라고도 불림)' 라고 불리는 매우 풍부한 언어를 사용하기 시작한다. 유아어의 가장 중요한 특징 중 하나는 성인의 언어적 매핑(mapping), 또는 아동이 의사소통하는 것을 말하기 위해 정확한 어휘를 사용한다는 것이다. 예를 들어, 매디는 개가 짖는 것을 듣고 창문으로 달려가서 아빠와 개를 번갈아 보고 있다. 아빠는 "그건 개야. 개가 시끄럽게 하는구나." 하고 말한다. 언어발달의 다음 단계는 언어적 단계로 사물이나 행동을 명명하기 위해 단어나 상징적 표현을 사용할 때 발생한다.

의도성의 발달이 지체되거나 발달을 방해하는 장애를 가진 유아에게 성인과 아동 간 의사소통의 교감은 동일한 방법으로 일어나지 않을 수도 있다. 때로 발달지체 아동의 경우 성인의 유아어를 유도하는 의사소통 행동에 참여하지 않거나 매우 적게 참여한다(Warren & Yoder, 1998). 이런 경우, 의도적 의사소통의 전조나 이후의 언어발달을 예측하는 특정 기술을 목표로 하여 언어발달을 촉진할 수 있다.

전언어적 환경 교수

유아의 의도적 의사소통 전환을 촉진하기 위해 특별히 개발된 중재 방법 중 하나는 전언어적 환경 교수다(Prelinguistic Milieu Teaching: PMT)(Warren, Yoder, Gazdag, Kim, & Jones, 1993). 이 중재는 환경 언어 교수모델(Kaiser, Yoder, & Keetz, 1992)을 기초로 하고 언어지체가 있거나 언어지체 위험을 가진 전언어적 아동에게 사용하기 위해 적용된 것이다. 이 중재는 의도적 의사소통의 전조인 특정 행동을 목표로 하는 몇 개의 교수 전략을 포함한다. PMT의 목표는 아동이 보다 명확하게 의사소통하게 해서 의도적 의사소통자가 되도록 돕는 것이며, 따라서 성인은 발달을 더욱 촉진시켜 의사소통에 반응할 수 있는 보다 많은 기회를 제공하는 것이다.

이 전략은 자연적 환경에서 다양한 활동 중, 아동의 흥미와 행동을 알아보기 위한 반응으로 사용된다. 유아는 자신이 능동적으로 참여할 때 새로운 기술을 보다 잘 학습하므로, 기술들은 아동이 참여하는 사물이나 활동을 이용하여 가르치고, 교수는 아동이 이러한 기술이 필요한 환경에서 일어난다(Bricker, Pretti-Frontczak, McComas, 1998; Linder, 1993). 이러한 전략들은 부모(Wilcox, 1992)와 교사들이(McCathren, 2000), 다양한 장애를 가진 아동(Yoder & Warren, 1999)을 대상으로 성공적으로 사용하였다.

화용적 기능

의도적 의사소통은 다양한 목적으로 사용된다. 이러한 의사소통의 사회적 이용을 화용적 기능이라 한다. Bruner(1981)는 영유아기에 발달하는 의사소통의 화용적 기능을 세 가지 범주로 분류하였다. ① 행동의 조절, 요구하기, 또는 행동을 수행하도록 하기 위해 다른 사람의 행동을 통제하는 것(예: 젖병 주기, 장난감 조작하기), ② 사회적 상호작용, 또는 사회적 목적으로 다른 사람의 관심을 얻는 것(예: 까꿍 놀이, 장기 자랑), ③ 공동의 관심 갖기, 또는 활동, 사물, 사람에 공동의 관심을 갖기 위해 다른 사람의 관심을 유도하는 것이다. 이러한 세 가지 화용적 기술이 나타나는 연령이나 순서는 아동에 따라 다르다(Carpenter, Mastergeorge, & Coggins, 1983).

PMT는 의도적 의사소통을 거의 하지 않는 유아에게 요구하기, 설명하기 등을 가르치기 위해 사용된다. 요구하기(Mundy, Kasari, Sigman, & Ruskin, 1995; Smith, & von Tetzchner, 1986)와 설명하기 (McCathren, Yoder, & Warren, 1999; Mundy et al., 1995; Mundy, Sigman, & Kasari, 1990)는 정상발달 아동과 발달지체 또는 장애아동의 언어발달을 예측한다. 요구하기와 설명하기는 유아가 의도성

을 보이는 초기의 상호작용 유형이며(Bates, O'Connell, & Shore, 1987), 대개 전언어기에 나타나는 화용적 기능이다.

PMT 전략

유아는 어떤 것을 요구하거나 공동의 관심을 얻기 위해 소리를 내며, 몸짓을 하고 같은 곳을 바라보기도 한다. PMT 전략은 이러한 행동을 촉진하기 위해 고안된 것이다. Warren과 Yoder(1998)는 "맥락 형성하기(enabling contexts)"(p. 372)라고 하는 일련의 절차를 제안하였다. 맥락 형성하기는 아동의 주도 따르기, 환경적 배치, 차례 지키기 형성을 포함한다.

맥락 형성하기

아동의 주도 따르기 많은 의사소통 중재의 첫 번째 전략 중 하나는 아동이 관심을 가지는 사물이나 사건에 상호작용의 초점을 맞추는 것이다. 많은 연구들은 성인이 아동의 주제에 맞는 명명하기, 질문하기, 지시하기 등을 할 때 의사소통 발달이 촉진된다는 것을 보여 준다(McCathren, Yoder, & Warren, 1995). 우리가 얼마나 자주 아동의 주도를 따르지 않는 방법으로 의사소통하는지 스스로 모니터링 해보면 우리가 아동의 관심이나 초점을 돌리기 위해 "이것 봐."와 같은 말을 얼마나 자주 하는가를 깨닫게 된다.

아동의 주도를 따르는 것은 두 가지 주요한 구어적 전략인 언어적 매핑과 설명적 대화를 포함한다. 언어적 매핑은 아동이 의사소통하는 것을 성인이 말로 하는 것이다. 예를 들어, 아동이 큰 소리에 칭얼거리고 무서워하는 것처럼 보이면, 성인은 손을 두 귀에 대고 "시끄러워."라고 말한다. 또는 아동이 뚜껑을 열려고 병을 흔든다면, 성인은 "열고 싶어." 하고 말할 수 있다. 설명적 대화는 아동이 하는 것을 설명하기 위해 정확한 어휘를 사용한다. 아동이 노는 동안 아동의 행동이나 가지고 노는 장난감에 대해 설명적 언급을 할 수 있다. 이를테면, 아동이 트럭을 갖고 노는 경우, 성인은 "트럭을 밀고 있어." "빨간 트럭." 또는 "트럭이 빨리 달려." 등의 간단하고 구체적인 설명을 할 수 있다.

환경적 배치 환경적 배치는 유아가 의사소통할 기회와 요구를 고안하는 데 사용된다(Ostrosky & Kaiser, 1991). 아동은 자신이 원하고, 필요로 하고, 흥미 있는 것을 찾기 위해 상호작용을 시작하므로 환경을 어떻게 구성하는지에 대한 생각은 중요하다(Warren & Yoder, 1998). PMT에서 중요한 화용적 기능 목표 중 하나인 아동이 장난감이나 활동을 요구하기 위해 의사소통하는 것을 격려하도록 환경적 배치를 사용한다. 환경적 배치 중 하나는 아동이 원하는 것(예: 음식이나 장난감)을 아동이 혼자 힘으로 이용할 수 없는 곳에 두는 것이다(Ostrosky & Kaiser, 1991). 이 전략은 아동이 좋아하는 장난감, 음식, 활동을 성인이 알고 있을 때만 성공적으로 사용할 수 있다. 아동이 좋아하는 장난감이나 사물을 파악하는 데 부모가 큰 도움이 될 수 있다. 일단 아동이 선호하는 것을 파악하면, 그것들을 투명한 상자에 담아 뚜껑을 닫아서 아동이 꺼낼 수 없게 놓아 둔다. 이

물건들은 눈에는 보이지만 손에 닿지 않는 선반 등에 둘 수 있다. 또 다른 전략은 선호하는 장난감이나 활동으로서 도움이 필요한 것들을 사용하는 것이다(예: 비눗방울, 어려운 스위치가 달린 장난감).

공동의 관심(joint attention) 또한 환경적 배치를 통해 가르친다. 아동은 자신이 보는 것을 성인이 보도록 하기 위해 공동의 관심을 사용한다(Warren & Yoder, 1998). 이를 위한 전략은 환경 내의 모든 방해물들을 이용한다. 큰 소음, 방해, 기대하지 않은 사건 등이 모두 공동의 관심을 가르치는 데 사용될 수 있다. 우선 성인이 공동의 관심을 시범 보인다. 가령, 거미가 마루를 기어갈 때 성인은 거미를 손가락으로 가리키며 아동을 본다. 그리고 "거미."라고 말한다. 일단 아동이 손가락으로 가리키기, 소리 내기, 눈 맞추기를 모방할 수 있게 되면 성인은 그 사건을 무시하고 아동이 자신의 시선을 끌도록 기다린다(Warren & Yoder, 1998).

차례 지키기 규칙 개발하기 이 전략은 규칙을 개발하고(예: 비눗방울 불기), 그 일과에서 차례를 지키지 않거나, 우스꽝스럽거나 기대하지 않던 일을 함으로써 규칙을 어겨 아동이 교사에게 계속할 것을 말하도록 촉진한다. 성인은 촉진, 시간 지연, 시범 등을 사용하여 아동이 의사소통 행동(예: 눈 맞추기, 시선 바꾸기, 발성하기, 의례적인 몸짓)을 사용하도록 격려한다. 환경적 배치의 사용과 같이 이 전략으로 아동이 다른 사람의 행동을 통제하는 데 의사소통을 사용하도록 가르친다. 한 예로, 수잔과 엄마는 지난 몇 주간 연습해 온 새로운 기술인 공 굴리기를 하고 있다. 어느 날, 엄마는 공을 굴려 보내는 대신 기다렸다. 수잔이 엄마를 바라보며 "바."라고 소리를 내

자 엄마는 수잔에게 공을 굴려 보냈다. 만약 수잔이 그냥 공을 잡고 있는 엄마에게 반응하지 않거나 엄마가 지체하는 것에 당황했다면, 엄마는 공을 머리 위에 들고 있거나 등 뒤로 들고 있는 것과 같은 우스꽝스러운 행동을 시도했을 것이다.

교수 전략

맥락 형성하기뿐만 아니라 PMT는 의도적 의사소통의 빈번하고 명확한 사용을 발달시키기 위해 몇 가지의 특정 전략을 사용한다. 특정 전략들은 아동이 통합적 시선, 발성, 몸짓을 사용하도록 촉진하는 데 사용된다. 이 전략들은 음성과 행동의 모방과 차례 지키기 발달, 의례적인 몸짓의 시범, 의사소통의 촉진을 가르치는 데 사용된다. 이 전략들은 특정한 순서로 연습할 필요는 없으나 활동에 가장 적합할 때 사용된다(〈표 1〉 참조).

모방과 차례 지키기 아동의 주도 따르기와 일치하는 행동들은 신체적 모방과 따라 하기(Kaiser, 1993b)와 발성 모방하기(Warren et al., 1993)이다. 모방은 성인이 아동의 주도를 따르는 것을 보여 주는 한 방법이며, 아동에게 상호작용의 내용과 속도를 조절할 수 있도록 한다(Warren & Yoder, 1998). 신체적 모방은 차례 지키기와 놀이 규

〈표 1〉 PMT 전략과 일과 통합

활동	교수 전략	아동의 행동	성인의 반응
감각 테이블	신체적 모방	오스틴은 컵으로 모래를 퍼서 쏟는다.	하젤 교사는 다른 컵으로 모래를 퍼서 쏟는다.
	신체적 모방과 발성 모방	오스틴은 두 손으로 모래를 밀며 "어." 소리를 낸다.	하젤교사는 두 손으로 모래를 밀며 "어." 소리를 낸다.
	발성 시범	오스틴은 아무것도 하지 않고 가만히 앉아 있다.	하젤 교사는 손으로 모래를 쏟으며 "마." 하고 말한다.
자유놀이	발성 시범과 함께 신체적 모방	오스틴은 모래를 물레방아에 붓는다.	하젤 교사는 모래를 물레방아에 부으며 "다, 다, 다."라고 말한다.
	설명하기	오스틴은 계속 트럭을 굴리고 있다.	하젤 교사는 "트럭을 굴려." "빨간 트럭." "부웅." 하고 말한다.
찰흙 놀이	눈 맞추기 촉진 (시간 지연)	오스틴은 찰흙 통을 열려고 한다.	하젤 교사는 잠깐 기다렸다가 오스틴이 자신과 눈 맞추기를 기대하면서 바라본다.
	언어적 매핑	오스틴은 찰흙 통을 하젤 교사에게 밀고 바라본다.	하젤 교사는 통을 열고 "찰흙 주세요."라고 말한다.
	몸짓 시범	오스틴은 교실에 들어온 수리기사를 바라본다.	하젤 교사는 가리키며 "조 아저씨네."라고 말한다.
간식 시간	신체적 모방과 발성 시범	오스틴은 크래커를 씹는다.	하젤 교사는 씹는 것처럼 흉내 내며 "냠냠." 하고 말한다.

간식 시간	눈 맞추기 촉진	오스틴은 크래커 상자에 손을 뻗는다.	하젤 교사는 얼굴 가까이에 크래커 상자를 들고 오스틴이 눈 맞추기를 하도록 기다린다.
	언어적 매핑	오스틴은 교사를 바라본다.	하젤 교사는 오스틴에게 과자를 더 주며 "과자 더 주세요."하고 말한다.

칙을 발달시키는 데 매우 유용한 방법이다. 성인은 아동의 놀이에 짧은 모방 시도를 할 수 있다. 일단 모방이 되면, 성인은 자신의 차례를 수정할 수 있고 놀이 규칙을 형성하고 정교하게 할 수 있다. 예를 들어, 아동이 주먹으로 놀이 찰흙을 두드린다. 성인의 전형적인 반응은 아동이 '뭔가를 만들게' 하거나 놀이를 좀 더 구성적으로 하려는 것이다(예: "찰흙을 굴려 보자. 뱀을 만들어 볼래?"). 그러나 이 모델에서는 성인이 "내 차례야."라고 하고 아동의 속도 및 강도와 유사하게 아동의 찰흙을 두드리거나 자신의 찰흙을 두드린다. 몇 번의 모방을 한 후에 성인은 놀이를 약간 변경시킨다(예: 손바닥을 펴서 두드리거나 찰흙을 민다). 만약 아동이 성인과 같이 자신의 행동을 바꾸면 새로운 게임이 시작되는 것이다. 그러나 아동이 따라 하지 않으면, 성인은 즉시 아동을 모방하는 것으로 돌아가야 한다.

말소리 모방 역시 차례대로 할 수 있고 구어 대화의 전조인 말소리를 주고받는 형식으로 발달할 수 있다. 예컨대, 수잔과 교사는 드럼을 두드리고 있다. 수잔은 드럼을 두드리며 "다다."라고 말하고 교사는 그것을 모방한다.

발성 모델링과 몸짓 모델링 발성 모방뿐만 아니라 성인은 자음 발성을 시범 보일 수 있다. 이것은 거의 발성을 하지 않아서 모방 기회가 적은 아동에게 특히 중요하다. 예를 하나 들어 보자. 조나단과 엄마는 모래를 가지고 놀고 있다. 조나단의 엄마는 "바-바-바"라고 말하며 손에서 모래를 흘린다. 신체적 모방과 발성 모델링을 짝지어 하는 것은 아동이 노는 동안 좀 더 복잡한 발성을 자주 할 수 있도록 촉진한다. 가령, 조나단이 손가락을 모래에 넣으면 엄마는 "다."라고 말하며 손가락을 모래에 넣는 것이다. 많은 경우, 성인은 영아가 아닌 아동과 함께 놀 때 보통 영아와 관련된 소리를 내는 것에 불편해 할 수 있다. 그러나 아동이 가장 많이 사용하는 [ㅁ], [ㅂ]과 같은 말소리는 아동의 첫 단어와 연결시켜 주는 역할을 한다는 것을 기억해야 한다(Stoel-Gammon, 1998).

성인은 또한 통상적인 몸짓을 시범 보일 수 있다. 통상적인 몸짓은 손에 닿지 않는 사물이나 사건을 손으로 가리키는 것, 어깨를 으쓱한다거나 손바닥 뒤집기, 긍정이나 부정을 표시하기 위해 머리를 끄덕이거나 옆으로 흔들기, 손 흔들기, "쉿" 몸짓하기 등을 포함한다. 예를 들면, 오스틴과 교사는 탑을 만들기 위해 차례로 블록 쌓기를 하고 있었다. 그런데 블록 빌딩이 무너졌다. 하젤 교사는 블록을 가리키며 "어, 어." 하고 말한다.

눈 맞추기 촉진 언어전 아동의 의사소통에서 흔히 보이는 행동 요소는 상대와의 눈 맞추기다. 눈 맞추기를 언어적으로 촉진하기 전에 성인은 두 가지의 덜 간섭적인 전략을 사용할 수 있다. 첫 번째 전략은 성인의 얼굴을 아동의 눈높이에 두고 성인의 눈 가까이에 흥미로운 사물을 가져와서 아동의 시선과 교차하는 것이다. 그런 다음 '우연히' 아동이 눈을 맞출 수 있게 한다. 아동과 눈 맞추기를 유발하려면 시간 지연(Kaiser, 1993a)을 사용할 수 있다(Warren & Yoder, 1998). 예를 들어, 하젤 교사와 오스틴은 오스틴이 책의 그림을 가리키고 하젤 교사가 그림의 이름을 말하는 일과를 보냈다. 그러나 오스틴은 책 읽기 일과에서 눈 맞추기를 하지 않았다. 오스틴이 그림을 가리킬 때 하젤 교사는 그림의 이름을 말하기 전에 오스틴이 눈을 맞추기를 기다렸다. 눈 맞추기를 유도하는 아동의 눈길과 마주치기와 시간 지연이 성공하지 못하면 성인은 구어적 촉진을 사용할 수 있다. 예를 들어, 오스틴이 뚜껑이 닫힌 통에 들어 있는 인형을 원해서 반복적으로 통을 흔든다. 이에 하젤 교사는 통을 들고 기다린다. 오스틴은 하젤 교사를 바라보지 않고, 하젤 교사는 "나를 보세요."라고 구어적으로 촉진한다. 촉진을 남발하지 않고 요구한 사물을 무작정 들고 있지 않는다는 것이 중요함을 알아야 한다. 만약 오스틴이 하젤 교사를 바라보지 않는다면, 교사는 그 인형을 통에서 꺼내 놀이를 계속할 것이다. 상호작용은 성인과 아동 모두에게 재미있고 즐거워야 한다.

일단 아동이 의도적 의사소통을 자주하게 되면 교사와 부모는 말, 신호, 몸짓, 또는 다른 대안적 체계를 사용한 상징 기술을 가르치는 데 주력해야 한다. 발성과 몸짓을 시범 보이는 대신, 성인은 단어, 신호를 시범 보이거나 특정 아동이 이해할 수 있는 어떤 의사소통 체계라도 가르쳐야 한다.

요 약

결론적으로, 부모와 양육자가 유아의 의사소통 발달을 촉진하는 데 PMT 전략을 사용할 수 있다. 몇몇 전략은(예: 발성과 몸짓의 시범과 모방, 아동의 주도 따르기) 사실상 어느 곳에서든지 실행할 수 있다. 몇몇 전략들은(예: 환경적 배치) 성공적으로 실행하기 위해 좀 더 계획적이어야 한다. 그러나 모든 전략들은 유아의 전형적인 일과에 삽입할 수 있다.

어떻게 PMT를 실행하는가 하는 것은 아동에 따라 약간씩 다르다. PMT가 중재를 위한 맥락으로서 활동에서의 상호적인 참여를 사용하기 때문에 아동이 반응하고 강화를 받을 수 있는 장난감, 활동, 간식 등을 사용하는 것은 중요하다. 어떤 아동에게는 이러한 동기를 찾기 위해 주의 깊은 관찰이 필요하다.

그러나 어떤 교사는 한 아동이 일과에 참여하기 위한 충분한 시간을 갖도록 개별적인 관심을 줄 수 없다고 생각하기도 한다. 그러나 이러한 전략은 의사소통이 필요한 기회를 이용하여 하루 중 짧은 교수 활동으로 실행될 수 있다. 긴 시간의 강력한 중재는 필요하지 않거나 바람직하지 않을 것이다. 매일의 일과에 간헐적인 중재를 함으로써 의사소통이 가장 효과적인 때에 의사소통을 학습할 수 있도록 도울 수 있다.

마지막으로 이 중재의 주요 요소는 편안하고 재미있는 상호작용을 하는 것이다. 중재가 성공적으로 실행될 때 의사소통을 하는 두 사람이 편안하고 행복하고 즐거워야 한다.

주

Rebecca B. McCathren의 연락처: 이메일 McCathrenR@missouri.edu

참고문헌

Bates, E.(1976). *Language and context: The acquisition of pragmatics.* New York: Academic Press.

Bates, E., O'Connell, B., & Shore, C. (1987). Language and communication in infancy. In J. Osofsky (Ed.), *Handbook of infant development* (pp. 149-203). New York: Wiley & Sons.

Bloom, L. (1993). *The transition from infancy to language: Acquiring the power of expression* (pp. 3-20). Melbourne, Australia: Cambridge University Press.

Bricker, D., Pretti-Frontczak, K., & McComas, N. (1998). *An activity-based approach to early intervention: Second edition*(pp. 7-21). Baltimore: Paul H. Brookes.

Bruner, J. (1981). The social context of language acquisition. *Language and Communication, 1*, 155-178.

Carpenter, R. L., Mastergeorge, A. M., & Coggins, T. E. (1983). The acquisition of communicative intentions in infants eight to fifteen months of age. *Language and Speech, 26*(2), 101-116.

Kaiser, A. P. (1993a). Functional language. In M. E. Snell (Ed.), *Instruction of students with severe disabilities: Fourth edition* (pp. 347-379). New York: Merrill.

Kaiser, A. P. (1993b). Parent-implemented language intervention: An environmental system perspective. In A. P. Kaiser & D. B. Gray (Eds.), *Enhancing children's communication: Research foundations for intervention* (Vol. 2) (pp. 63-84). Baltimore: Paul H. Brookes.

Kaiser, A. P., Yoder, P. J., & Keetz, A. (1992). Evaluating milieu teaching. In S. F. Warren & J. Reichle (Eds.), *Causes and effects in communication and language intervention: Volume 1* (pp. 9-47). Baltimore: Paul H. Brookes.

Linder, T. W. (1993). *Transdisciplinary play-based intervention: Guidelines for developing a meaningful curriculum for young children*(pp. 11-15). Baltimore: Paul H. Brookes.

McCathren, R. B. (2000). Teacher-implemented prelinguistic communication intervention. *Focus on Autism and other Developmental Disabilities, 15*(1), 21-29

McCathren, R. B., Yoder, P. J., & Warren, S. F. (1995). The role of directives in early intervention. *Journal of Early Intervention, 19*(2), 91-101.

McCathren, R. B., Yoder, P. J., & Warren, S. F. (1995). Prelinguistic pragmatic functions as predictors of later expressive vocabulary. *Journal of Early Intervention, 22*(3), 205-216.

Mundy, P., Kasari, C., Sigman, M., & Ruskin, E. (1995). Nonverbal communication and early language acquisition in children with Down syndrome and in normally developing children. *Journal of Speech and Hearing Research, 38*, 157-167.

Mundy, P., Sigman, M., & Kasari, C. (1990). A longitudinal study of joint attention and language development in autistic children. *Journal of Autism and Developmental Disorders, 20*(1), 115-128.

Ostrosky, M. M., & Kaiser, A. P. (1991). Preschool environments that promote communication. *Teaching Exceptional Children, 23*(4), 6-10.

Smith, L., & vonTetzchner, S. (1986). Communicative, sensorimotor, and language skills of young children with Down syndrome.

American Journal of Mental Deficiency, 91 (1), 57-66.

Stoel-Gammon, C. (1998). Role of babbling and phonology in early linguistic development. In A. Wetherby, S. F. Warren, & J. Reichle (Eds.), *Transitions in prelinguistic communication: Volume 7* (pp. 87-110). Baltimore: Paul H. Brookes.

Warren, S. F., & Yoder, P. J. (1998). Facilitating the transition from preintentional to intentional communication. In A. Wetherby, S. F. Warren, & J. Reichle (Eds.), *Transitions in prelinguistic communication: Volume 7* (pp. 365-384). Baltimore: Paul H. Brookes.

Warren, S. F., Yoder, P. J., Gazdag, G. E., Kim, K., & Jones, H. A. (1993). Facilitating prelinguistioc communication skills in young children with developmental delay. *Journal of Speech and Hearing Research, 36*, 83-97.

Wetherby, A. M., Cain, D. H., Yonclas, D. G., & Walker, V. G. (1988). Analysis of intentional communication of normal children from the prelinguistic to the multiword stage. *Journal of Speech and Hearing Research, 31*, 240-252.

Wetherby, A. M., Warren, S. F., & Reichle, J. (1998). Introduction to transitions in prelinguistic communication. In A. Wetherby, S. F. Warren, & J. Reichle (Eds.), *Transitions in prelinguistic communication: Volume 7* (pp. 1-11). Baltimore: Paul H. Brookes.

Wilcox, M. J. (1992). Enhancing initial communication skills in young children with developmental disabilities through partner programming. *Seminars in Speech and Hearing, 13*, 194-212.

Yoder, P. J., & Warren, S. F. (1999). Maternal responsivity mediates the relationship between prelinguistic intentional communication and later language. *Journal of Early Intervention, 22*, 126-136.

유아학급에서 어휘를 가르치는 다섯 가지 도구

Laura Segebart DeThorne, M.A., University of Illinois at Urbana-Champaign
Ruth V. Watkins, Ph.D., University of Illinois at Urbana-Champaign

눈이 엄청나게 많이 쌓이자 제임슨 교사는 유아학급의 주제를 '겨울 나라'로 정했다. 이야기를 나누기 위해 자리에 모이기까지 아이들의 털옷을 벗기는 데 전보다 많은 시간이 걸렸다.

"여러분, 안녕하세요. 여러분이 옷을 따뜻하게 입고 와서 다행이에요(제임슨 교사는 자기 팔로 몸을 감싸고 떨었다). 어제보다 눈이 더 많이 쌓였네요."

눈에 대해 한마디 하자마자 대니샤는 참지 못하고 말했다.

"제임슨 선생님! 제임슨 선생님! 걔가 저한테 눈을 던졌어요!"

대니샤는 소리를 지르며 대니얼을 가리켰다.

"대니얼이 너한테 눈을 던졌니? 그래서 옷을 더 두툼하게 입고 몸을 따뜻하게 해야 하는 거야."

제임슨 교사는 계속해서 "선생님은 가장 따뜻한 코트를 입고 털장갑을 꼈단다. 오늘 아침에 따뜻하게 입기 위해 여러분은 무엇을 했나요?"

한번에 여러 명의 아이들이 대답했다.

제임슨 교사는 정리하며 "여러분은 코트와 장갑, 목도리와 부츠 등으로 따뜻하게 입었어요. 대니샤 보렴, 네 부츠와 에이버리의 부츠가 동일하구나. 정말 똑같구나. 두 사람 다 분홍색 레이스가 달린 보라색 부츠를 신었네." 라고 말했다.

"부츠가 무엇에 좋은지 아세요?" 제임슨 교사는 계속 말했다. "부츠는 눈길을 헤치고 걸을 때 우리 발을 따뜻하게 해 줘요. 특히 우리가 아침에 운동할 때 좋은 것 같아요. 자, 모두 일어서서 옷을 따뜻하게 입고 눈길을 헤치며 걸어 봅시다."

제임슨 교사는 일어서서 팔로 몸을 감싸고 세찬 바람을 헤치고 걷는 것처럼 어깨를 구부리고 힘겹게 발을 들었다가 내려놓는다.

아이들은 선생님을 따라 하며 각자 독창적으로 무언극을 한다.

서 론

많은 아동에게 있어서 어휘 발달은 유아기에 가장 눈에 띄고 기쁜 사건이다. 영아는 일반적으로 특이하지 않으나 이해할 수 있는 울기 등과 같은 비구어적 의사소통에서부터 대략 10~15개월경에 첫 단어로 발전해 간다. 한 살이 지나면 아동은 하루에 여덟 개의 단어를 학습하기 시작하는데 이 시기를 어휘 '폭발'이라고 한다(Dromi, 1999). 아동이 학교에 입학할 때쯤이면 대부분의 아동은 대략

13,000개의 단어를 갖게 되고 고등학교를 졸업할 즈음에는 60,000개로 늘어나게 된다(Pinker, 1999). 이러한 어휘 폭발을 하게 하는 것은 읽기나 수학과는 달리 적어도 초기에는 명시적으로 가르쳐지는 것이 아니다.

아동은 일반적으로 일상적인 일과와 사건들 속에서 단지 단어를 듣는 것만으로도 새로운 어휘를 학습한다. 그러나 어휘 학습은 모든 아동에게 노력 없이 일어나는 것은 아니다. 어떤 아동은 언어학습이 매우 어려운 경우가 있다. 어휘 학습의 곤란은 종종 다운증후군이나 자폐 등과 같은 발달장애와 관련되기도 하지만 언어의 곤란만을 겪는 아동도 있다. 어떤 아동은 명확한 원인 없이 단어 학습의 곤란을 겪는다. 언어 학습이 곤란한 아동뿐만 아니라 저소득층 아동은 어휘를 학습하는 속도가 늦어 위험하다. 최근의 많은 연구(Hart & Risley, 1995; Purcell-Gates, 1995)에 의하면 저소득층 아동은 중산층 또래에 비해 훨씬 적은 단어를 이해하거나 사용하는 것으로 나타났다.

이유가 무엇이든, 제한된 어휘 기술은 아동이 자신의 요구와 생각을 표현하는 데 어려움을 겪거나 또래 관계나 읽기 성취도 등과 같은 주요 발달 영역에서 위험아동으로 분류되게 만든다(Dickinson & Tabors, 2001; Gertner, Rice, & Hadley, 1994; Lombardino, Ricco, Hynd, & Pinheiro, 1997). 예를 들어, Gertner와 동료들은(1994) 표준화 어휘 이해력 검사에서 높은 점수를 받은 아동은 또래들로부터 '선호'의 대상이 되는 경우가 더 많다고 보고하였다. 더욱이, (Dickinson & Tabors, 2001) Snow와 동료들이 실시한 최근의 종단 연구는 어휘 지식이 조기 읽기 성적의 강력한 예측지표임을 밝혀냈다. 이러한 이유로 어휘 발달을 촉진하는 것은 모든 유아에게 중요한 목표가 된다.

아마도 다른 언어영역들보다(예: 문법) 어휘 발달은 아동이 받아들이는 언어 투입의 양과 질에 영향을 받는 것으로 보인다. 결과적으로 교사, 부모, 또래들이 아동의 어휘 발달을 촉진하는 데 중요한 역할을 한다. 서두에서 예를 든 것처럼, 본 논문은 유치원 환경에 초점을 맞추고 아동의 어휘 발달을 촉진하기 위해 일반유아교사, 유아특수교사, 직원이 사용할 수 있는 다섯 가지 일반적인 전략 또는 도구들을 제공하고 있다(〈표 1〉 참조). 이러한 전략들은 DEC 추천 실제와 일치하는 다음의 세 가지 전제를 바탕으로 하고 있다(Sandall, McLean, & Smith, 2000). ① 교사는 아동의 어휘 발달에 중요한 영향을 줄 수 있는 능력이 있다, ② 아동은 의사소통을 가치 있게 여기고 교사-아동 간 상호작용뿐만 아니라 아동 간 상호작용을 포함하여 의미 있는 상호작용을 촉진하는 자연적인 상황에서 가장 잘 학습한다, ③ 어휘 발달은 자신의 필요와 요구를 표현하는 능력에 영향을 줄 뿐만 아니라 사회성 발달과 문해 발달과도 관련된 유아기의 중요한 기술이다.

이렇게 추천된 다섯 가지 전략은 정상 발달 아동, 언어장애 아동,

〈표 1〉 교실에서의 어휘 교수를 위한 5가지 전략

T	많이 말하고, 말하기를 격려한다.
O	복잡한 단어를 제시한다.
O	많이 반복해 준다.
L	맥락적 단서를 준다.
S	새로운 단어를 강조한다.

학업 실패 위험으로 간주되는 아동을 대상으로 한 연구에 기초한 것이다. 이 전략들은 매우 일반적이고 발달 수준이나 장애 유형과 관계없이 모든 유아에게 효과적이다. 광범위한 적용 범위에도 불구하고 이 전략들은 모든 장애 유형에 걸쳐 명확하게 연구되지 않았다. 어떤 전략들은 학습 스타일의 차이에 따라 개별 아동에게 적용되어야 한다. 또한 이러한 교수 전략들은 언어장애 아동들이 언어치료사나 다른 전문가로부터 받는 개별적인 지원을 대체하기 위한 것은 아니다.

많이 말하고, 말하기를 격려한다

아마도 교실에서 어휘 발달을 가르치는 가장 직접적이고 직관적인 도구는 의사소통을 가치 있게 여기는 환경을 만들어서 단어 사용을 증가시키는 일일 것이다. 교사와 아동이 똑같이 더 많은 단어를 말하는 것은 더 많은 단어를 학습할 기회를 증가시키는 것이다. 연구에 의하면, 가정과 유치원에서 아동이 듣는 단어 수와 아동이 알고 있는 단어 사이에 높은 상관관계가 있다(Dickinson, Cote, & Smith, 1993; Hart & Risley, 1995; Huttenlocher, Haight, Bryk, Seltzer, & Lyons, 1991).

말을 해야 하는 부담을 교사에게만 지우는 것은 곤란하다. 듣기 이외에도 아동은 재미있고 의미 있는 대화에서 단어를 사용할 기회를 제공받을 필요가 있다. 아동은 종종 또래의 어휘를 배우는 데 높은 동기를 보인다. 따라서 교실에서 아동에게 단어를 사용할 기회를 제공하는 것은 아동 상호 간에 어휘를 배울 기회를 주는 것이다. 다음의 사례는 교사가 아동 상호 간의 대화를 격려하기 위해 환경을 배치하는 방법을 보여 준다.

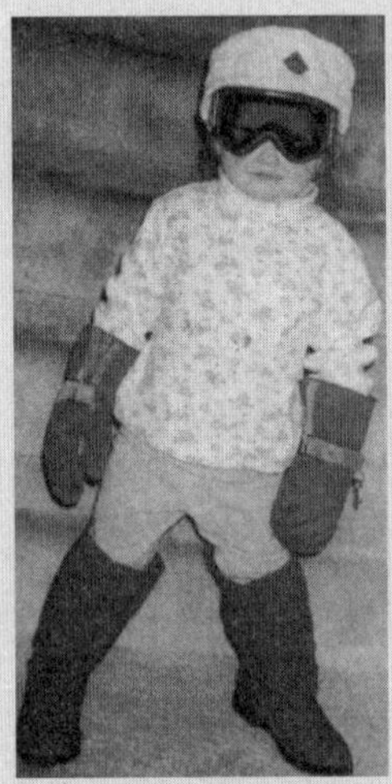

제임슨 교사의 학급에서 극놀이 영역은 주제에 따라 매주 바뀐다. 이번 주 극놀이 영역에는 모자, 장갑, 코트, 부츠, 목도리 등이 가득 담긴 상자가 있다. 또한 아동용 삽과 포장된 땅콩이 가득 들어 있는 상자가 있어서 아동이 눈을 치우는 놀이를 할 수 있다.

아담이 삽을 들었다.

"아담, 따뜻하게 입어야지!"

대니샤는 엄마 같은 목소리로 꾸짖는다.

"입어?"

아담이 대답했다.

"그래, 여기 모자랑 장갑이랑…… 코트 있다."

대니샤는 상자에서 물건들을 꺼내며 각각의 이름을 말한다.

복잡한 단어를 제시한다

일반적으로 말을 많이 하는 것이 어휘 발달을 촉진하지만 사용하는 단어의 복잡성 또한 중요한 요인이다. 이 맥락에서 복잡성은 서두의 사례에서 나온 '헤치며 걷다'와 '동일한'과 같이 대부분의 유아에게 친숙하지 않은 단어를 의미한다. 3~9세의 저소득층 아동의 문해 발달을 지지하는 가정과 학교 요인에 대한 종단연구에 의하면, 아동을 '복잡한' 새 단어에 노출시키는 것은 아동의 어휘를 확장하는 중요한 도구라는 것을 발견했다(Beals, 1997; Beals & Tabors, 1995; Weizman & Snow). 이와 관련하여 Dickinson, Cote와 Smith (1993)의 연구는 유아원 교사로부터 좀 더 복잡한 단어를 들은 아동은 나중에 유치원에서 더 많은 단어를 이해한다는 것을 발견했다.

설명한 바와 같이, 만약 아동의 어휘 수가 아동이 들은 단어의 수와 복잡성에 영향을 받는다면, 교실에서 아이들에게 풍부하고 새로운 어휘를 사용하고 시범 보이는 데 더 많이 주의를 기울이는 것은 매우 유용할 것이다. 단어는 구체적인 사물과 특성을 명명하는 것뿐만 아니라 행동(예: 헤치며 걷다), 감정(예: 놀라다), 범주(예: 계절, 색깔, 과일)와 같은 덜 구체적인 구조를 명명하는 데 사용될 수 있다. 일반적으로 대부분의 교사는 사물 명명, 색깔, 모양 등과 같은 기본적인 어휘를 능숙하게 시범 보일 수 있다. 새롭고 복잡한 단어를 사용할 것을 항상 염두에 두는 것은 좀 더 어려울 수 있다. 다음의 사례는 대근육 운동 시간에 '무릎 꿇다'와 '세게 던지다' 같은 좀 더 복잡한 단어를 포함하여 행동을 명명하는 단어를 사용하는 것을 강조하고 있다.

제임슨 교사의 학급 아동들은 따뜻하게 갖춰 입고 대근육 운동시간에 참여하기 위해 밖에 모여 있다.

"깨끗한 눈을 찾아보자." 체육교사가 말했다.

"우리는 '왕이 가라사대' 놀이를 할 거예요. 자, 시작."

"왕이 가라사대, 눈 위에 무릎을 꿇어라."

체육교사는 한쪽 무릎을 꿇고 대부분의 아동들은 따라서 무릎을 꿇는다.

"왕이 가라사대, 눈 위에 누워라."

"왕이 가라사대, 팔을 위아래로 움직여라."

"왕이 가라사대, 다리를 옆으로 움직여라."

"눈 천사를 만들었네."

"왕이 가라사대, 일어서서 눈덩이를 뭉쳐라."

"왕이 가라사대, 눈덩이를 나무에다 세게 던져라."

"자, 다른 눈덩이를 뭉쳐라."

"맞혔다."

많이 반복해 준다

단어와 어려운 어휘를 많이 듣는 것이 아동에게 유익할 뿐만 아니라 이러한 새 단어를 반복해서, 특히 의미 있는 맥락에서 반복해서 듣는 것은 아동에게 도움이 된다. 한 번만 듣고도 아동이 단어의 의미를 이해할 수 있지만 특히 여러 번 단어를 듣는 것은 단어의 의미를 명확히 하고 확실히 알 수 있게 해 준다. 새 단어를 하루에 10회 정도 반복하면 언어학습이 곤란한 아동이 정상발달 아동만큼 새 단어를 학습할 수 있다는 연구 결과가 있다(Rice, Oetting, Marquis, & Pae, 1994). 교실에서 10번씩 반복한다는 것은 실행 불가능하다고 볼 수 있지만 서두의 사례에서 하루 동안, 특히 그날의 활동이 '겨울나라' 등과 같은 주제를 중심으로 세워졌다면 '따뜻하게'라는 단어를 몇 번이나 사용했는지 생각해 볼 수 있다.

새로운 단어를 몇 번이나 반복해야 하는지에 대한 분명한 지침은 없다. 반복 횟수는 단어의 추상성, 각 아동의 단어 학습 능력, 의미 있는 기회의 제공 여부 등과 같은 많은 변인에 달려 있다. 그러나 분명한 것은 다양한 맥락에서 새로운 단어를 반복하는 것은 단어 학습을 촉진한다(Wilcox, Kouri, & Caswell, 1991). 다음의 예는 서두의 사례에서 사용한 '동일한'이란 단어를 학급의 여러 활동에서 확장하고 그 사용 방법을 4번 더 시범 보인다.

아동들은 미술활동 시간에 종이 눈을 조심스럽게 자르고 있다. 자르기를 마친 후 교사는 모든 종이 눈을 탁자에 펼쳐 놓고 비교한다.

"책에서 눈송이에 대해 읽었던 것 기억나세요? 눈송이에 대해 무엇을 배웠지요, 아담?"

제임슨 교사가 촉진한다.

"눈송이를 먹어요."

대니샤가 소리쳤다.

"아담에게 질문한 거예요."

제임슨 교사가 되풀이했다.

"먹어요."

아담이 말했다.

"그래, 맞아요."

제임슨 교사는 미소를 지으며 고개를 끄덕였다.

"눈송이를 먹을 수 있지요. 우리는 눈송이가 서로 동일하지 않다는 것을 배웠어요. 눈송이는 같지 않아요. 눈송이는 모두 달라요."

"대니샤와 아담의 눈송이가 어떻게 다르지요?"

제임슨 교사는 아이들에게 질문했다.

"애 건 커요." 대니얼이 말했다.

"맞아요, 아담의 눈송이는 대니샤 것보다 커요. 동일하지 않지요. 눈송이들은 서로 동일하지 않아요. 우리가 서로 동일하지 않은 것처럼 말이에요."

맥락적 단서를 준다

반복하는 것만으로는 단어를 학습한다고 확신할 수 없다. 만약 그렇다면 우리는 곱셈표만큼 단어를 학습할 수 있을 것이다. 대신에 새로운 단어는 단어 뜻에 대한 단서가 풍부한 정보가 있는 맥락에서 가장 잘 학습된다(Beals, 1997; Dickinson & Tabors, 1991; Weizman & Snow, 발행 중). 정보가 풍부한 맥락은 적어도 두 가지 형식을 가진다. 아동이 보는 환경적 맥락과 아동이 듣는 청각적 맥락이다. 환경적 맥락은 종종 새로운 단어가 가리키는 사물이나 행동을 포함한다. 예를 들어, 미술시간에 교사는 아동에게 가위를 빙빙 돌리지 말라고 말하거나 레이스같이 보이는 종이 눈을 가리킬 수 있을 것이다. 아동이 어떤 특정 시점에 무엇에 주의를 기울여야 하는지 말해주는 것은 아동이 새로운 단어를 주위의 행동이나 사물에 연관시키게 도와준다. 연구에 의하면, 어휘 학습은 자유놀이나 식사시간과 같은 비형식적인 활동 내에 일어날 가능성이 많다. 왜냐하면 성인이 이런 시간에 주로 아동의 흥미와 관심에 좀 더 주의를 기울이기 쉽기 때문이다(Beals, 1997; Beals & Tabors, 1995; Dickinson, Cote, & Smith, 1993).

활동과 무관하게 새로운 어휘와 관련된 이야기는 어휘의 의미에 대해 직접적 또는 간접적으로 정보를 제공한다. 서두의 사례에서, 제임슨 교사는 '따뜻하게'에 대한 의미를 겨울에 대한 이야기와 코트와 장갑 등에 대한 이야기를 한 것을 포함하여 간접적인 정보를 제공하였다. 교사는 '동일한'이란 단어를 '똑같다'는 뜻이라고 말할 때 직접적인 정보를 제공하였다. 다음의 사례는 아동이 단어의 의미에 관하여 어떻게 환경적 맥락으로부터(음악 시간에 악기를 연주할 때 등) 단서를 사용할 뿐만 아니라 교사가 어떻게 단어의 의미에 대한 직접적인 정보를 제공하는지를 보여 준다.

아동들이 음악시간에 빙 둘러 앉아 있다. 각 아동은 두 개의 나무 막대기와 뒤집어 놓은 대야를 가지고 있다. 아동들이 각자의 박자에 따라 두드리며 "나는 북을 치는 것이 좋아요……."라며 부르는 노래가 복도에 퍼진다.

음악교사는 소문자로 'f'라고 기울여 쓴 카드 한 장을 들고 있고 대니얼은 자기 북을 크게 두드린다.

"그래. 맞아요, 대니얼. 'f'는 '포르테(forte)'야. '크게'라는 뜻이지."

교사는 멜로디를 이어서 그 노래를 계속하며 "나는 북을 치는 것이 좋아요. 좀 더 크게 쳐요."라고 하며 크게 친다.

아동들은 소리를 더 크게 내기 위해 좀 더 힘을 내야 한다.

새로운 단어를 강조한다

새로운 단어에 대한 이야기가 의미에 대한 단서를 제공해 주기는 하지만 계속되는 말의 흐름 속에서 '놓칠' 가능성이 있다. 새로운 언어를 학습하는 사람에게는 어디에서 새 단어가 끝나고 다음 단어가 시작되는지 알기 어렵다. 따라서 새 단어를 강조하거나 새 단어를 알아채기 쉬운 방법을 사용하는 것은 단어 학습을 촉진한다 (Bedore & Leonard, 1995; Weismer, 1997; Weismer & Hesketh, 1998). 새 어휘를 알아채기 좀 더 쉬운 방법으로는 단어의 소리 크기나 높이를 바꾸거나(예: 그는 **썰매**를 타고 내리막길을 달렸어), 새로운 단어 앞에서 잠깐 쉬었다 말하기(예: 그는…… 썰매를 타고 내리막길을 달렸어), 새 단어를 문장의 마지막에 사용하기(예: 이것이 썰매야) 등이 있다.

단어를 어떻게 말하는가 하는 것 이외에, 사물, 몸짓, 얼굴 표정 등과 같은 시각적 단서는 새 단어에 대한 강조나 주의를 끄는 데 도움이 된다. 만약 교사가 '썰매'라는 단어를 소개한다면, 그림이나 실제 썰매를 가져와서 아동들에게 만져 보거나 타 보게 하면 그 단어를 더욱 잘 기억할 것이다. 따라서 책, 영화, 현장학습 등은 아동들에게 학급에서 쉽게 접하지 못하는(예: 산, 스키, 눈썰매 등) 새 단어에 대한 흥미를 가질 수 있도록 시각적 단서를 제공할 것이다. 사물보다는 좀 더 추상적이긴 하지만 얼굴 표정이나 몸짓 역시 아동들이 새로운 단어를 좀 더 알고, 그 의미를 이해하게 하는 시각적 단서를 제공한다(Fazio, 2001). 이를테면, 썰매를 말할 때 환한 얼굴로 눈썹을 올리는 것은 아동에게 그 단어에 대해 주의를 기울이게 할 뿐만 아니라 그 단어가 즐거운 놀이에 대한 것이라는 개념을 갖게 한다. 아울러 몸짓 역시 비슷한 기능을 하는데, '썰매'라는 단어를 말할 때 손으로 미끄러지는 행동을 해 보이는 것이다. 다음의 예는 교사가 매일 사용하는 단어인 '모자'와 '코트'를 강조하기 위해 몸짓과 말을 사용하는 것을 잘 보여 준다.

> 학교가 끝나고 아동들이 집에 갈 준비를 할 때, 케빈은 "자, 끝났어요, 여러분. 자, 끝났어요, 여러분."이라고 중얼거리며 힘이 넘쳐 교실 안을 빙빙 돌고 있다.

제임슨 교사는 케빈을 사물함으로 데려가서 "그래 맞아, 케빈. 이제 집에 갈 시간이야."라고 말한다.

제임슨 교사는 자신의 머리에 손을 대고 "모자 쓰자."라고 말하며 케빈의 모자를 씌운다.

그리고 제임슨 교사는 팔을 가슴에 대고 "코트 입자."라고 말한다. 사물함에서 케빈의 점퍼를 꺼내 케빈이 소매에 팔을 넣을 수 있게 도와준다.

결 론

아이들에게 어떤 어휘를 가르쳐야 하는지에 관한 지침은 많은 유치원 교육과정에서 상세히 제공하고 있으므로 본 논문에서는 학급에서 어휘를 촉진하는 방법에 초점을 맞추었고 기능적이고 실제적이며, 흥미 있는 약간 어려운 정도의 단어만을 제안하였다. 이러한 단어를 촉진하는 다섯 가지 일반적인 전략 또는 도구를 설명하였고 예를 제시하였다. ① 많이 말하고, 말하기를 격려한다, ② 복잡한 단어를 제시한다, ③ 많이 반복해 준다, ④ 맥락적 단서를 준다, ⑤ 새로운 단어를 강조한다. 보다 상세한 사례는 다양하겠지만, 이러한 동일한 전략은 다양한 상황에서의 어휘 발달을 촉진하는 데 유용하며, 부모, 보육담당자, 다양한 관련 서비스 제공자들도 사용할 수 있다. 어휘 발달을 가장 잘 촉진하는 것 중 하나는 환경적인 투입이다. 따라서 부모와 교사는 아동의 어휘 발달에 긍정적인 영향을 줄 수 있으며, 아동의 사회적, 학문적인 성공 가능성을 높일 수 있다.

주

본 연구는 미국 교육부 특수교육국의 훈련 기금(H029D60035)의 지원을 일부 받았다. 책임연구자는 Jim Halle, 공동연구자는 Ruth watkins, Michaelene Ostrosky, Cynthia Johnson이다.

Laura Segebart De Thorne의 연락처: 이메일 lauras@uiuc.edu

참고문헌

Beals, D. (1997). Sources of support for learning words in conversation: Evidence from mealtimes. *Journal of Child Language, 24*(3), 673-684.

Beals, D., & Tabors, P. (1995). Arboretum, bureaucratic, and carbohydrates. *Applied Psycholinguistics, 14*(4), 489-513.

Bedore, L. M., & Leonard, L. B. (1995). Prosodic and syntactic bootstrapping and their clinical applications: A tutorial. *American Journal of Speech-Language Pathology, 4*(1), 66-72.

Dickinson, D. K., Cote, L. R., & Smith, M. W. (1993). Learning vocabulary in preschool: Social and discourse contexts affecting vocabulary growth. In W. Damon & C. Daiute (Eds.), *New directions in child development (Vol. 61): The development of literacy through social interaction* (pp. 68-78). San Francisco: Jossey- Bass.

Dickinson, D. K., & Tabors, P. O. (1991). Early literacy: Linkages between home, school, and literacy achievement at age five. *Journal of Research in Childhood Education, 6*(1), 30-46.

Dickinson, D. K., & Tabors, P. O. (Eds.) (2001). *Beginning literacy with language: Young children learning at home and school.* Baltimore: Paul H. Brookes.

Dromi, E. (1999). Early lexical development. In M. Barrett (Ed.), *The development of language* (pp. 99-126). East Sussex, UK: Psychology Press Ltd.

Fazio, B. B. (2001, June 6). *Do iconic gestures facilitate novel word learning in preschool children with and without SLI?* Poster presented at the annual Symposium on Research in Child Language Disorders, Madison, WI.

Gertner, B., Rice, M. L., & Hadley, P. A. (1994). Influence of communicative competence on peer preferences in a preschool classroom. *Journal of Speech and Hearing Research, 37*(4), 913-923.

Hart, B., & Risley, T. R. (1995). *Meaningful differences in the everyday experience of young American children.* Baltimore: Paul H. Brookes.

Huttenlocher, J., Haight, W., Bryk, A., Seltzer, M., & Lyons, T. (1991). Early vocabulary growth: Relation to language input and gender. *Developmental Psychology, 27*(2), 236-248.

Lombardino, L. J., Riccio, C. A., Hynd, G. W., & Pinheiro, S. B. (1997). Linguistic deficitc in children with reading disabilities. *American Journal of Speech-Language Pathology, 6*(3), 71-78.

Pinker, S. (1999). *Words and rules: The ingredients of language.* New York: Basic Books.

Purcell-Gates, V. (1995). *Other people's words: The cycle of low literacy.* Cambridge, MA: Harvard University Press.

Rice, M. L., Oetting, J. B., Marquis, J., Bode, J., & Pae, S. (1994). Frequency of input effects on word comprehension of children with specific language impairment. *Journal of Speech and*

Hearing Research, 37(1), 106-122.

Sandall, S., McLean, M. E., & Smith, B. J. (2000). *DEC recommended practices in early intervention/early childhood special education.* Longmont, CO: Sopris West.

Weismer, S. E. (1997). The role of stress in language processing and intervention. *Topics in Language Disorders, 17*(4), 41-52.

Weismer, S. E., & Hesketh, L. J. (1998). The impact of emphatic stress on novel word learning by children with specific language impairment. *Journal of Speech, Language, and Hearing Research, 41*(6), 1444-1458.

Weizman, Z. O., & Snow, C. E. (in press). Lexical input as related to children's vocabulary acquisition: Effects of sophisticated exposure and support for meaning. *Developmental Psychology.*

Wilcox, J. M., Kouri, T., & Caswell, S. B. (1992). Early language intervention: A comparison of classroom and individual treatment. *American Journal of Speech-Language Pathology, 1*(1), 49-62.

"얘, 너한테 말하고 있는 거야"

유아에게 또래와 AAC 체계 사용법을 가르치는 자연적 절차

Ann N. Garfinkle, Ph.D., Vanderbilt University
Ilene S. Schwartz, Ph.D., University of Washington

챈텔은 자기가 무엇을 좋아하는지 아는 여자아이이다. 챈텔은 사람과 동물 모형, 인형 집, 가족사진, 짭짤한 음식 등을 좋아한다. 교사가 챈텔에게 컴퓨터 합성 기호를 사용한 AAC 체계를 사용하도록 가르쳤기 때문에 챈텔은 효과적이면서 효율적으로 자신이 원하는 물건을 성인에게 요청할 수 있었다. 교사와 부모는 이 새로운 의사소통 기술에 기뻐했지만 챈텔이 또래들과 자주 상호작용하지 않을까 봐 걱정했다.

서 론

전반적 발달장애로 진단받은 챈텔은 언어와 의사소통에 상당한 지체를 보이는 다른 장애아동들과 마찬가지로 보완 또는 적응 의사소통(Augmentative or adaptive communication: AAC) 체계를 사용하고 있다. AAC 체계는 학생이 하는 말의 이해도를 높이거나 학생이 말을 사용하지 않고 의사소통을 할 수 있게 하기 위한 기술과 기기(첨단기술 또는 저기술)를 포함한다. 간단한 수화와 의사소통 책과 같은 AAC 체계는 유아특수교육 현장에서 종종 볼 수 있다. 많은 장애아동들은 성인 의사소통 대화자와 AAC 체계를 효과적으로 사용하는 것을 학습했지만, 다른 아동과는 거의 AAC 체계를 사용하지 않는다. 또래와의 의사소통 부족은 아동이 긍정적인 사회적 상호작용에 참여하고 또래와의 의미 있는 사회적 관계를 발달시키는 것을 방해한다.

사회적 관계는 정상 발달 또래와의 성공적이고 반복적인 상호작용을 통해 가장 잘 발달한다(Kennedy, Horner, & Newton, 1989). 유감스럽게도 이러한 경험은 특수교육 요구아동에게 중요한 문제를 야기하며(McCormick & Schienfelbusch, 1990), 특수교육 요구아동들이 AAC 체계를 자신의 주요 의사소통 형식으로 사용할 경우 문제는 더욱 복잡해진다(Carter & Maxwell, 1998).

AAC 체계를 주요 의사소통 방법으로 사용하는 아동이 현재 사용하는 것만으로는 또래와의 상호작용에 충분하지 않다(Warrick, 1988). 이 현상을 설명하는 많은 장애요인들이 있는데, AAC 체계가 또래에게는 친숙하지 않은 의사소통 방법이라는 점, AAC 체계가 말보다 늦게 메시지를 전달한다는 점(Beukelman & Mirenda, 1992), AAC 체계 사용자들은 이러한 체계를 자주 사용하지 않는다는 점(Calculator & Dollaghan, 1982; Harris, 1982; Houghton, Bronicki, & Guess, 1987), AAC 체계를 사용하는 아동들은 대화시간에 주로 상호작용의 시작자이기보다는 반응자인 경향이 있다는 점(Yoder &

Kraat, 1983) 등이다.

사회성 발달의 중요성과 AAC 체계를 사용하는 아동들의 기술 발달의 어려움에도 불구하고, AAC 체계를 사용하는 아동의 사회적 의사소통에 대한 또래 훈련의 효과에 대한 연구는 매우 적다(Carter & Maxwell, 1998). 선행연구들은(Light & Collier, 1986; McNaughton & Light, 1989) AAC 체계 사용자들의 의사소통 기술 발달과 그들과 의사소통하는 파트너들에게 중재의 초점을 맞춰야 한다고 제안했다.

다음의 중재는 유아에게 또래와 AAC 체계를 사용하는 것을 가르치기 위해 구안된 것이다. 중재는 통합유아프로그램에서 훈련과 일반화 상황에서 사회적 상호작용을 증가시킨다는 임상적 타당성이 확인되었다(Garfinkle & Schwartz, 1994; Schwartz, Garfinkle, & Bauer, 1998). 이 자연적 중재 전략은 AAC 체계를 사용하는 아동들의 사회적 시작행동과 또래의 시작행동에 대한 반응 기회를 제공하

〈표 1〉 또래 상호작용에 AAC 체계 활용하기: 4단계 중재

1단계: 대상 아동이 AAC 체계를 능숙하게 사용하고 지속적으로 사용하는지 확인한다.

2단계: 소그룹 환경을 만들어 아동들이 소그룹 활동에 참여하기 위해 필요한 자료를 분배하게 한다.

2-1단계: 대상 아동이 좋아하는 자료를 또래가 가지게 한다.

2-2단계: 대상 아동이 소그룹 활동에 필요하기는 하지만 자신이 선호하지 않는 자료를 가지게 한다.

3단계: (촉진을 통해) 성공적인 또래-또래 사회적 상호작용이 일어나도록 지원한다.

4단계: 또래 상호작용 기술이 여러 또래, 자료, 환경에 걸쳐 일반화되도록 한다.

기 위해 정기적으로 일어나는 소그룹 시간 동안 실행하도록 고안된 것이다. 이 중재가 그림교환의사소통체계(the Picture Exchange Communication System: PECS)의 사용을 위해 고안되었으나(Frost & Bondy, 1992), 첨단기술과 저기술의 AAC 체계에 다양하게 사용될 수 있다. 〈표 1〉에 요약한 것처럼 이 중재는 DEC 추천 실제에서 설명한 교수절차와 환경적 지원절차를 사용한다(Sandall, McLean, & Smith, 2000).

기본적인 조건

성공적인 중재를 위해서 다음 다섯 가지 조건이 또래 상호작용 중재를 시작하기 전에 일어나야 한다. ① 성인과의 AAC 체계 사용이 능숙해야 한다, ② 필요와 요구를 의사소통하는 데 이 체계를 지속적으로 사용해야 한다, ③ 체계에 대한 형식적인 훈련이 전혀 또는 거의 없는 사람도 쉽게 이해할 수 있어야 한다, ④ 체계는 효율적이어야 한다, ⑤ 체계는 효과적이어야 한다.

성인과의 AAC 체계의 능숙한 사용

아동에게 또래와 AAC 체계 사용을 가장 효율적으로 가르치려면 우선 아동이 일반적으로 유아기 아동보다는 능숙하고 좀 더 일관된 의사소통 파트너인 성인과 이 체계를 능숙하게 사용할 수 있어야 한다.

지속성

앞에서 말한 바와 같이 성인은 유아보다 일관되고 능숙한 의사소통자다. AAC 체계를 사용하는 아동이 또래에게 시도한 모든 시작행동이 성공적이지는 않다. 따라서 AAC 체계를 사용하는 아동은 메시지를 전달하기 위해서는 지속적으로 체계를 사용하도록 학습되어야 한다. 그림교환의사소통체계(PECS, Frost & Bondy, 1992)에는 지속성을 가르치는 데 사용할 수 있는 훈련 단계가 있다. 이 단계의 훈련에서 의사소통 파트너(예: 성인)는 아동의 의사소통 시작 시도에 체계적으로 아동으로부터 멀어지고 외면하고 무시한다. 우리의 경험에 따르면, 이 단계의 훈련은 의사소통의 의지가 약하거나 덜 숙련된 파트너(예: 또래)와 사용할 수 있는 확실한 의사소통 기술을 가르치는 데 필수적이다. 다른 AAC 체계 훈련에는 이 단계가 포함되지 않을 수 있다. 그러한 체계를 사용하는 사람에게 지속적인 기술을 개발하도록 시간을 사용하면 또래 중재가 좀 더 효율적일 수 있다.

체계 이해의 용이성

유아가 또래와 의사소통할 때, 의사소통 발달이 정상적인 아동도 의사소통 기술을 학습하고 있는 중이다. 따라서 가능한 한 메시지가 전달되는 형식은 중요하면서도 직관적이어야 한다. 이해하는 데 광범위한 훈련이 필요한 의사소통 형식을 사용하면 가능한 의사소통 파트너의 수는 현저하게 줄어든다.

효율적인 체계

말은 빨리 할 수 있기 때문에 가장 효율적인 의사소통 방법이라 할 수 있다. 이처럼 AAC 체계도 효율적이어야 한다. 만약 의사소통하는 데 시간이 오래 걸리면 그 순간이 무심코 지나가 버릴 것이다. 또한 더 효율적인 다른 행동이(예: 잡기) 있다면, AAC 체계를 사용하는 아동은 메시지를 전달하기 위해 보다 효율적인 수단을 사용할 것이다.

효과적인 체계

AAC 체계는 효과적이어야 한다. 달리 말하면, 대상 아동은 그 체계 사용을 빨리 학습해야 하고, 체계는 융통성이 있어서 사용자가 자신의 메시지를 효율적으로 전달할 수 있어야 한다.

환경적 배치

AAC 체계를 사용하는 아동이 또래와의 상호작용을 하는 데 제대로 지원을 받고 체계적인 훈련준비가 되어 있어 기본적인 조건을 갖추어야 한다. 중재의 첫 번째 단계는 환경을

다음과 같이 배치한다. ① 존중적이며 상호적이고 공유하는 학급의 규칙을 세우기, ② 개인적으로나 학급 전체의 AAC 체계의 사용 가능성 확보하기, ③ 매일의 활동에 예측 가능하고 구조화된 훈련을 삽입하기, ④ 일관적이고 다양한 또래 파트너 확보하기, ⑤ 또래 상호작용을 촉진하는 자료를 선택하고 제공하기.

상호성을 지원하는 규칙

AAC 체계를 사용하는 아동이 학급 또래와의 상호적인 의사소통 교환을 성공적이면서 충분히 연습하려면 교사가 아동에게 이러한 상호작용에 대한 명확한 기대를 설명해야 한다. 이것은 교사가 간단히 명확한 규칙을 발표하고(예: 우리 반에서는 서로 공유한단다), 교사가 공유하는 것을 지원하고(예: 공유를 격려하는 촉진), 공유하는 것을 칭찬하는 것(예: 짐과 밥은 자동차를 서로 함께 가지고 놀았구나) 등으로 쉽게 이룰 수 있다. 이러한 규칙과 지원은 대상 아동과 또래와의 성공적인 사회적 상호작용을 촉진하는 데 필요한 존중하고, 상호적이며, 공유하는 분위기를 만든다.

체계 이용 가능성

아동은 하루 종일 AAC 체계에 접근 가능해야 한다. 또한 AAC 체계의 접근 가능성과 체계의 이용은 무엇보다 쉽고 빨라야 한다. AAC 체계를 사용하는 각 아동은 자신의 AAC 체계가 있어서 접근할 수 있고, 체계에 대해 책임지도록 가르쳐야 한다(즉, 체계를 간식 시간, 소그룹, 다른 학급활동에 가져오도록 가르쳐야 한다). AAC 체계에 따라 학급의 아동이 사용할 수 있는 학급 전체의 AAC 체계를 가지는 것도 도움이 된다. 자유놀이 영역, 바깥의 놀이터, 체육관 등은 개별 체계보다 학급 전체를 위한 체계를 갖추는 것이 보다 효율적인 환경이 될 수 있다.

예측 가능하고 구조화된 훈련

AAC 체계를 사용하는 아동이 또래와 그 체계를 사용하는 것을 배우기 위해서는 매일 예측 가능하고 구조화된 훈련이 있어야 한다. 이 훈련은 소그룹 시간에 쉽게 성취할 수 있다. 이때 또래 상호작용 훈련을 계획된 소그룹 활동에 삽입한다.

일관되고 다양한 또래 파트너

소그룹은 3~5명의 아동을 포함해야 한다. 3명의 아동은 계속해서 소그룹에 포함되어야 한다. 이 일관성은 AAC 체계 사용자와 또래에게 지속적으로 서로 어떻게 의사소통해야 하는지를 학습할 기회를 준다. 또한 이 친숙함은 우정을 촉진하여 유아학급에서 보내는 동안 다른 활동으로 이어질 수 있다.

자료의 선택과 분배

진행 중인 소그룹 활동에 중재를 삽입할 것이지만 약간의 수정이 필요할 수도 있다. AAC 체계를 사용하는 아동이 또래와의 의사소통 가능성을 높이려면 또래는 AAC 체계를 사용하는 아동이 원하는 무엇인가를 가지고 있어야 한다. 따라서 AAC 체계를 사용하는 아동의 선호를 고려해 활동이나 보완 자료를 계획하는 것이 중요하다. 교사가 소그룹에 자료를 건네주는 대신, 아동이 자료를 달라고 요구할 때에만 줘야 한다. 만약 소그룹 활동이 찰흙 반죽으로 시범을 보이며 노는 것이라면 한 아동이 찰흙을 나누어 주는 것을 맡아야 하고, 다른 아동은 과자 모양 틀(AAC 체계를 사용하는 아동이 좋아하는 글자모양 틀을 포함)을 가지고 있고, 다른 아동은 밀대를, 다른 아동은 칼을, 다른 아동은 마늘짜개를 가지고 있어야 한다. 이렇게 대상 아동을 포함한 모든 아동이 자신이 원하는 것을 달라고 하고, 다른 아동이 필요한 자료를 달라고 하면 즉각 반응해야 한다.

다음 날에는 소그룹의 모든 아동이 다른 사물을 가지게 해서 많은 아동들과 상호작용하는 연습을 한다. 또한 AAC 체계를 사용하는 아동 역시 자료를 가지고 있어야 한다. 이렇게 해야 또래들이 AAC 체계를 사용하는 아동에게 시작행동을 한다. 다시 말하면, 교사는 아동들이 소그룹 활동에 참여하도록 자료 선택과 배치를 감독해 필요한 자료를 얻어 내는 것은 물론 상호작용의 필요성까지 높여야 한다.

교사 지원

이 중재에서 교사의 역할은 매우 중요하며 매우 특정한 역할을 담당한다. 이 중재에서 교사는 환경을 감독하여 또래 상호작용이 일어날 수 있도록 무대를 만들어 놓는다. 그러나 교사의 일은 또래 간 상호작용이 성공하도록 지원을 제공하는 것이지 아동들이 전하는 정보를 전해 주는 통로가 되어서는 안 된다.

대상 아동에 대한 지원

처음으로 AAC 기구를 사용하여 또래와 의사소통하도록 AAC 체계를 아동에게 가르칠 때, 교사는 촉진을 제공해야 한다. 촉진은 아동의 반응에 앞서 제시되고, 정반응을 촉진하고, 아동이 독립적인 반응을 하도록 빨리 제거(즉, 용암)될 수 있는 교수적 지원 형식이다.

촉진은 AAC 체계를 사용하는 아동이 또래의 관심을 끌고 AAC 체계를 사용하여 사물을 요구할 수 있도록 돕는다. 1분 30초당 한 번의 시작행동을 하는 비율은 좋아하는 사물을 요구하는 것과 소그룹에서 실제로 그 사물을 사용하는 것 사이의 균형을 이루는 데 도움이 된다. 교사는 AAC 체계를 사용하는 아동이 또래의 시작행동에 반응하도록 도와줄 필요가 있다. 즉, AAC 체계를 사용하는 아동이 또래가 한 시작행동에 주의를 기울이고 또래의 요구를 따를 수 있도록 도와주는 것이다.

또래에 대한 지원

AAC 체계는 이해하기 쉬운 것이지만 그래도 처음에는 또래 아동을 교사가 도와주어야 한다. 이 지원은 우연적이지만 체계적이어야 한다. 다시 말해, 교사가 AAC 체계에 반응하도록 전 학급아동을 대상으로 교육할 필요는 없다. 대신 AAC 체계를 사용하는 아동이 또래에게 시작행동을 하면 교사는 또래에게 반응을 통해 촉진할 수 있다. 이러한 또래 지원을 효율적으로 제공하는 방법은 또래가 시작행동에 주의를 기울이도록 돕고, 의사소통 형식에 주의를 기울이도록 도우며, 그 시작행동에 대해 적절하게 반응하도록 돕는 것이다.

챈텔의 교사 루스는 챈텔에게 AAC 체계를 또래와 사용하는 것을 가르쳐야 할 때가 되었다고 결정하였다. 그녀는 교수시간을 하루 중 가장 먼저 하는 소그룹 활동으로 정하였다. 중재를 시작한 첫날 루스는 인형놀이 집과 관련된 모형들을 사용하였다. 루스는 챈텔에게는 자동차를, 세레나에게는 사람 모형들을, 토비에게는 동물 모형들을 주었다. 챈텔은 루스에게 사람 모형을 달라고 했고 루스는 "난 없단다. 세레나에게 달라고 하렴."이라고 대답했다. 챈텔은 세레나에게 사람 모형을 달라고 했고, 루스는 "세레나, 챈텔이 뭐라고 했니?"라고 말했다. 그러자 세레나는 사람 모형을 챈텔에게 주었다. 이처럼 몇 번의 촉진을 제공한 후에 루스는 뒤로 물러서서 아동들의 상호작용을 지켜보았다.

일반화 계획

중재 사례는 소그룹 시간에, 또래 상호작용을 증가시키기 위해 고안된 환경에서, 성공적인 상호작용이 일어날 수 있도록 고안된 교사의 행동을 통해 이루어졌다. 그러나 AAC 체계를 사용하는 아동은 다양한 또래와 다양한 자료로 다양한 상황에서 의사소통할 수 있어야 한다. 이 중재는 이런 유형의 일반화 기술이 생길 수 있음을 보여주는 임상 자료들이 있다. 이 일반화는 전에 설명한 환경적 배치의 결과보다 발생 가능성이 더 높다. 다음은 일반화 기술의 중요성에 따른 또래, 사물, 환경에 걸친 일반화 계획에 대한 설명이다.

또래 일반화

또래 일반화가 일어나기 위해 중재는 다양한 또래를 포함하여야 한다. 이는 AAC 체계를 사용하는 아동이 한두 명의 선택된 또래가 아닌 많은 또래와 의사소통할 수 있도록 배워야 하므로 중요하다.

자료 일반화

앞에서 말한 바와 같이 교사는 소그룹 자료에 선호하는 사물이 포함되도록 해야 할 필요가 있다. 이는 AAC 체계를 사용하는 아동이 또래에게 시작행동을 할 가능성을 높이는 환경을 고안하는 것이 필수적이지만 마찬가지로 아동이 주위의 다양한 자료를 가지고 또래들과 상호작용하는 것도 중요하다. 이것은 많은 자료를 좋아하는 아동들에게는 문제되지 않는다. 그러나 좋아하는 사물이 제한된 아동에게는 문제가 될 수 있다. 교사는 지속적으로 대상 아동이 많은 자료들과 상호작용하여 그중 좋아하는 자료를 정하도록 하고 이 자료들을 소그룹 시간에 포함시켜야 한다.

환경 일반화

대상 아동의 기술을 새로운 환경에서 일반화하려면 새로운 환경이 AAC 체계를 사용하는 아동을 지원해야 한다. 이 말은 아동이 교실, 어린이집, 가정, 지역사회에서의 모든 활동에 자신의 AAC 체계에 접근할 수 있어야 함을 의미한다. 이와 동시에 중요한 것은 아동이 의사소통할 필요를 느끼는 맥락이 필요하다는 것이다. 이를테면, AAC 체계를 사용하는 아동은 다양한 환경에서 흥미를 가질 자료가 있어야 하고, 이러한 자료에 대한 접근성은 또래와의 상호작용에(적어도 어느 정도는) 달려 있다. 때로 이러한 상호작용을 지원하는 환경에서 아동은 새로운 환경에서 AAC 체계를 성공적으로 사용하기 위해 처음에는 교사의 지원이 필요할 수도 있다.

문제해결

본 논문에서 설명한 대로 주의 깊게 중재를 실행해도 중재가 효과적이지 않을 때도 있다. 이러한 일이 생기면 〈표 2〉의 '문제해결 지침'을 참고하기 바란다(〈표 2〉 참조). 이 지침은 이 중재와 관련된 가장 흔히 일어나는 문제들에 대한 해결책을 제공하기 위해 만들어졌다.

〈표 2〉 문제해결 지침

문제	가능한 이유	가능한 해결책
대상 아동의 행동		
대상 아동이 의사소통 시작행동을 하지 않는다.	대상 아동이 활동의 성격이 바뀐 것을 인식하지 못하므로 참여하기 위해 시작행동을 해야 함을 알지 못한다.	대상 아동은 새로운 맥락이 요구하는 것을 알기 위해 2~3차례 촉진이 필요하다.
대상 아동이 시작행동을 하지만 성인에게 의사소통을 한다.	대상 아동은 전에 성인과의 의사소통에만 성공적이었으며 또래를 가능한 의사소통 파트너로 보지 않는다.	대상 아동의 관심을 또래에게로 돌리고 또래간 상호작용이 성공하도록 지원한다.
대상 아동이 또래에게 의사소통을 시작하지만 또래의 관심을 끄는 데 실패한다.	대상 아동이 또래에게 의사소통 시도를 지속적으로 하지 않는다.	대상 아동은 또래의 어깨를 건드리거나 또래를 바라보는 등 다른 관심끌기 전략을 배울 필요가 있다.
대상 아동이 또래에게 의사소통 시작행동을 하고 또래의 관심을 끌었으나 의사소통을 완성하지 못한다.	과정이 긴 시간을 요하기 때문에 대상 아동이 마음을 바꾼다.	아동이 의사소통을 끝내도록 도와주고 지원하여 의사소통이 효율적이 될 수 있게 한다.

	대상 아동은 요구하는 사물을 정말로 원하지 않으며 대신 또래의 관심을 원한다.	또래의 관심을 끄는 대안 방법을 제공한다. 인사하기(예: "안녕" "손뼉 치기")나 놀이 들어가기(즉, "또래 시작행동") 전략을 가르치는 것을 포함한다.
	대상 아동은 요구하는 사물을 정말로 원하지 않으며 대신 다른 사물을 원한다.	요구한 사물을 얻는 의사소통을 끝내도록 또래를 돕고, 대상 아동이 원하는 사물을 새로 요구하도록 지원한다.
또래의 행동		
또래가 대상 아동의 시작행동을 인식하지 않는다.	또래가 대상 아동의 의사소통 행동이 자신에게 하고 있는 것임을 인식하지 못한다.	대상 아동의 의사소통 행동을 또래에게 설명하고 적절한 반응을 촉진한다.
	또래는 대상 아동의 시작행동을 이해하지 못한다.	교수를 통해 또래가 AAC 체계의 의사소통적 기능을 이해하도록 한다.
또래가 대상 아동의 요구를 이해하지 못한다.	AAC 체계 형식은 또래에게 새로운 것이다.	또래에게 AAC 체계를 어떻게 사용하고 의사소통을 하는지 알려 준다.
	AAC 체계 형식이 제대로 표현되지 않는다.	AAC 체계 자체가 제대로 작동하고 있는지 확인한다.

또래가 대상 아동에게 시작행동을 하지만 대상 아동의 관심을 끌지 못한다.	대상 아동이 또래의 시작행동을 알아차리지 못한다.	대상 아동의 관심을 끌 수 있게 이름을 부르거나 몸짓을 사용하는 등 다양한 전략을 사용하도록 또래를 가르친다.
	대상 아동이 또래의 시작 행동을 이해하지 못한다.	촉진을 제공하여 대상 아동이 상호작용에 참여하도록 한다.
또래가 시작행동을 하지만 요구한 사물을 가짐으로써 대상 아동의 반응을 지나치게 기대한다.	또래에게 대상 아동과의 성공적인 의사소통 경험이 없다.	성공적인 또래 간 상호작용이 일어나도록 도와준다.
	대상 아동이 반응하는 데 너무 긴 시간이 걸린다.	성공적인 또래 간 상호작용이 일어나도록 도와준다.

결 론

중재가 실행되고 중재 실행과정에서의 어려움을 문제해결 지침으로 해결하면 다양하게 진단된 유아들이 학급의 또래와 효과적으로 AAC 체계를 사용하는 것을 배울 수 있다. 이 중재를 사용한 경험에 의하면, 아동이 일단 소그룹과 같은 구조화된 시간에 또래와 의사소통을 시작하면 쉬는 시간과 자유선택놀이 시간 등과 같은 덜 구조화된 시간에도 상호작용하는 것을 볼 수 있다. 또한 AAC 체계를 사용한 상호작용뿐만 아니라 다양한 범주의 상호작용이 증가하는 것을 볼 수 있다. 다시 말하면, 의사소통 기술을 가르침으로써 사회적 상호작용과 아동의 놀이의 복잡성이 향상된다. 이와 같은 중재는 유아교육 현장에서 아주 흔하다. 이것은 성공적인 사회적 상호작용의 경험을 통한 것이기 때문에 장애/비장애 아동은 사회적으로 상호작용하는 데 필요한 기술을 학습하고 발달하게 될 것이다.

주

Ann N. Garfinkle의 연락처: 이메일 ann.garfinkle@vanderbilt.edu

참고문헌

Beukelman, D. R., & Mirenda, P. (1992). *Augmentative and alternative communication: Management of severe communication disorders in children and adults*. Baltimore: Paul H. Brookes.

Calculator, S., & Dollaghan, C. (1982). The use of communication boards in a residential setting: An evaluation. *Journal of Speech and Hearing Disorders, 47*(3), 281-287.

Carter, M., & Maxwell, K. (1998). Promoting interaction with children using augmentative communication through a peer-directed intervention. *International Journal of Disabilities, Development, and Education, 45*(1), 75-96.

Frost, L., & Bondy, A. (1992). *PECS: The Picture Exchange Communication System training manual*. Cherry Hill, NJ: Pyramid Educational Consultants.

Garfinkle, A. N., & Schwartz, I. S. (1994, November 18). *PECS with peers: Increasing social interaction in an integrated preschool*. Paper presented at the annual convention for the Association for the Severely Handicapped, San Francisco, CA.

Harris, D. (1982). Communicative interaction processes involving nonvocal physically handicapped children. *Topics in Language Disorders, 2*(2), 21-37.

Houghton, J., Bronicki, G. J. B., & Guess, D. (1987). Opportunities to express preferences and make choices among students with severe disabilities in classroom settings. *Journal of the Association for Persons With Severe Handicaps, 12*(1), 18-27.

Kennedy, C. H., Horner, R. H., & Newton, J. S. (1989). Social contacts of adults with severe disabilities living in the community: A descriptive analysis of relationship patterns. *Journal of the Association for Persons With Severe Handicaps, 14*(2), 190-196.

Light, J., & Collier, B. (1986). Facilitating the development of effective initiation strategies by nonspeaking, physically disabled children. In S. W. Blackston (Ed.), *Augmentative communication: An introduction* (pp. 369-375). Rockville, MD: American Speech-Language and Hearing Association.

McCormick, L., & Schiefelbusch, R. L. (1990). *Early language intervention: An introduction.* Columbus, OH: Merrill.

McNaughton, D., & Light, J. (1989). Teaching facilitators to support the communication skills of an adult with severe cognitive disabilities: A case study. *Augmentative and Alternative Communication, 5*(1), 35-41.

Sandall, S., McLean, M. E., & Smith, B. J. (2000). *DEC recommended practices in early intervention/early childhood special education.* Longmont, CO: Sopris West.

Schwartz, I. S., Garfinkle, A. N., & Bauer, J. (1998). The Picture Exchange Communication System: Communicative outcomes for young children with disabilities. *Topics in Early Childhood*

Special Education, 18(3), 144-159.

Yoder, D., & Kraat, A. (1983). Intervention issues in nonspeech communication. In J. Miller, D. Yoder, & R. L. Schiefelbusch (Eds.), *Contemporary issues in nonspeech communication: ASHA reports* (pp. 27-51). Rockville, MD: American Speech-Language and Hearing Association.

Warrick, A. (1988). Sociocommunicative considerations within augmentative and alternative communication. *Augmentative and Alternative Communication, 4*(1), 45-51.

삽입된 학습 기회

통합 프로그램에서 아동의 학습을 지원하는 교수전략

Eva Horn, Ph.D., University of Kansas
Joan Lieber, Ph.D., University of Maryland
Susan Sandall, Ph.D., University of Washington
Ilene Schwartz, Ph.D., University of Washington

제리드는 외아들로 세 살이 되어 어린이집에 다니기 전까지 엄마와 함께 집에서 지냈다. 맥알리스터 어린이집은 도심의 직장인을 위한 도시 프로그램이다. 이 프로그램은 다운증후군 아동을 통합시킨 적이 없다. 그러나 교직원들은 모든 아동의 학습을 지원하는 일에 자신감을 가지고 있다. 그들은 제리드와 가족을 그들 프로그램의 구성원으로 적절하게 지원하려는 열의가 있다. 그런데 제리드는 반드시 가르쳐야 할 장단기 목표가 담긴 IEP를 가지고 있었다. 어린이집 교사는 "저는 제리드와 함께 일대일 교수를 할 시간이 없는데요."라고 말했다.

삽입교수의 근거

이와 같은 염려들은 많은 유아교사들에게 실제로 있는 일이다. 유아교육과 유아특수교육의 주된 차이점은 대개 아동에게 개별화 프로그램이 실행되는 정도인 것이다(Wolery & Wilbers, 1994). 대부분의 유아교육환경은 하루 동안 학습 기회를 제공하지만 장애아동은 이러한 기회를 인식하고 학습하기 위해 안내와 지원이 필요할 수 있다. 이를 위해 많은 전문가들은 실제 학급의 활동과 일과에 삽입교수를 추천하고 있다(예: Bricker & Cripe, 1992; Davis, Kilgo, & Gamel-McCormick, 1998; Noonan & McCormick, 1995; Wolery & Wilbers, 1994). 삽입은 "아동에게 의미 있고 흥미를 유지하면서 일과/활동을 확장, 수정, 조절, 조정하여 아동에게 활동이나 일과에 포함된 개별화 목표를 연습할 수 있는 기회를 주는 절차"라고 정의된다(Bricker, Pretti-Frontczak, & McComas, 1998: p. 13).

삽입교수의 사용에 관한 선행연구(예: Fox & Hanline, 1993; Mudd & Wolery, 1987; Peck, Killen, & Baumgart, 1989; Venn et al., 1993; Venn & Wolery, 1992)와 활동중심 중재와 관련한 Bricker와 동료들의(Bricker et al., 1998) 연구를 바탕으로 삽입된 학습 기회(Embedded Learning Opportunities: ELO)라고 하는 교수전략이 고안되었다(Horn, Lieber, Sandall, Schwartz, & Li, 2000; Sandall et al., 발행 중). ELO는 많은 아동의 장단기 목표가 일반유아교육 교육과정을 제공하는 것으로 충분하지 않다는 것을 전제로 한다. 특수교육대상 유아가 일반유아 교육과정 맥락과 유치원 환경 내에서 새로운

것이나 복잡한 기술을 학습하는 데 모델링, 구어적 촉진, 신체적 촉진 등을 통하여 교수를 제공할 필요가 있다. 교사는 개별화된 학습 목표에 가장 명확한 기회를 확인하고 실제 활동과 일과에 아동이 목표를 성취하도록 돕는 짧고 체계적인 교수 상호작용을 삽입해야 한다. 예를 들어, '사물 명명하기'를 가르치기 위한 특정 회기를 정하기보다는 학습 과제를 진행 중인 활동에 삽입하는 것이다: 신체 이름 말하기는 인형놀이, 옷 이름 말하기는 '왕이 가라사대'와 같은 대근육 활동 게임에, '음식과 식기 이름 말하기'는 점심시간이나 점심 준비에 삽입할 수 있을 것이다. 또한 '정교한 잡기'가 아동의 목표라면 교수는 간식 시간에 건포도, 사과 조각, 치즈 잡기에, 미술활동 시간에 테이프 조각 잡기 등에 잡기를 삽입할 수 있다.

ELO를 함으로써 활동과 일과는 아동의 학습을 지원하는 구조가 될 것이다. 많은 활동들은 아동 시작적이고 따라서 동기를 부여한다 (Bricker & Cripe, 1992). 재미있고 동기를 부여하는 활동에 효과적인 교수를 삽입함으로써 학습이 더 자주 발생한다(Losardo & Bricker, 1994). 더욱 중요한 것은, 아동이 기술을 자연적인 환경에서 학습하기 때문에 아동이 사물을 얻거나 활동에 참여하는 데 그 기술이 필요하면 사용할 수 있다는 것이다. 〈표 1〉은 다양한 맥락, 자료, 활동, 사람과의 자연적 환경에서 기술 사용의 개념을 보여 준다.

계획은 삽입교수의 잠재적인 이점을 확인하는 필수적인 요소다 (Salisbury, Mangino, Petrigala, Rainforth, & Syryca, 1994; Santos, Lingnugaris/Kraft, & Akers, 1999; Wolery, 1994). 본 논문에서는 삽입된 학습 기회를 위한 계획과정을 설명할 것이다. 계획과정의 중점은 이 전략에 익숙하지 않고 이 절차를 새로 접하는 동료와 함께 일

〈표 1〉 ELO 실행의 실례

맥락	시나리오
자연적 일과	제리드의 주스 잔이 비어 있다. 제리드는 "더 주세요." 라고 수화를 한다. 교사는 "뭘 더 줄까?" 하고 묻는다. 제리드는 다시 "더 주세요."라고 수화를 한다. 교사는 "마실 것 더 주세요."라고 수화를 하고 요청하는 듯한 표정으로 제리드를 바라본다. 제리드는 수화로 "마실 것 더 주세요." 하고 주스를 더 받는다.
활동 간	제리드는 탑을 쌓는 데 블록이 더 필요하다. 제리드는 교사에게 장난감을 더 달라고 하고 블록을 더 받는다.
사람 간	제리드는 탑을 쌓는 데 블록이 더 필요하다. 제리드는 보조교사에게 장난감을 더 달라고 하고 블록을 더 받는다.
자료 간	제리드는 주스와 다양한 블록을 더 달라고 요구한다.

하는 교사들이 삽입교수를 사용하도록 촉진하기 위해 친숙하고 도움이 되는 자료를 제공한다. 3단계 과정을 통해 아동의 팀이 삽입할 목표 정하기, 학습 목표를 연습할 기회를 확인하고 고안하기, 하루 동안 많은 기회를 가질 수 있게 하기, 일과 중심의 기회 내에서 교수적 지원 제공하기, 아동의 학습에 관한 교수의 영향 평가하기 등을 돕게 된다. 각 단계는 제시된 제리드의 유치원과 IEP 목표와 목적을 사용하여 설명될 것이다.

단계 1: 학습 목표를 유치원 교육과정에 포함시키기

이 단계의 목표는 아동의 IEP 목표를 학급에서 효과적으로 나타낼 수 있는 학습 목표로 바꾸는 것이다. 여기에서 학습 목표는 활동과 같은 것이 아니며, 활동 계획은 교수제공과 같은 것이 아님을 명심해야 한다. 예컨대, 아동의 목표는 집게손가락으로 정교하게 잡기, 관련된 것 연결하기, 두 단계의 구어적 지시 따르기, 요구를 표현하기 위해 두 개의 수화 단어를 함께 사용하기 등과 같은 기술을 포함할 수 있다. 이러한 목표들은 활동이 아니며 아동이 활동에서 좀 더 성공적으로 참여할 수 있게 하는 기술들이다. 따라서 교사는 자연적인 단서, 자연적인 후속 결과, 아동이 기술을 여러 상황, 자료, 사람에 걸쳐 사용할 기회를 이용하는 데 활동과 삽입목표 또는 필요한 기술들에 초점을 맞추는 데서 시작해야 한다.

또한 교사는 목표 진술방식이 목표의 삽입 가능성을 실제로 제한할 수 있음을 알아야 한다. 예를 들면, "사물 이름 말하기" 의 목표는 " '이것은 무엇이니?' 라는 질문을 받았을 때 아동은 5개 중 4개의 사물을 정확하게 명명할 수 있다." 라고 진술할 수 있다. 교사는 이 목표를 아동과 함께 책상에 앉아 가르칠 수 있다. 그러나 만약 목표가 "진행 중인 활동에 '이것이 무엇이니?' 라고 물었을 때 아동은 최소한 질문의 80%에 대해 정확하게 사물을 명명할 수 있다." 라고 진술되면 목표는 다음과 같이 실행될 수 있다. ① 사물을 다양한 장소에 숨기고(예: 서랍이나 상자 속에) '발견한' 것마다 이름 말하기, ② '아기 씻기기' 활동에 사용되는 사물의 이름 말하기, ③ 간식 시간에 식탁을 차리면서 식기나 사물의 이름 말하기, ④ 선택할 때 등이다. 따라서 ELO를 준비하면서 해야 할 첫 번째 과제는 학습 목표를 정하거나 (IEP가 있는 아동의) 기존의 학습 목표를 수정하여 다양한 활동(예: 물놀이, 요리, 그룹 게임)과 일과(예: 등원, 간식, 정리하기)에 쉽고 자연스럽게 삽입할 수 있게 하는 것이다.

또한 각 아동의 프로그램에 간단한 설명을 붙이는 것이 어느 목표를 삽입 중재의 대상으로 할 것인지, 진행 중인 활동에 그 목표를 어떻게 삽입할지를 팀이 논의하는 데 도움이 되는 좋은 도구가 될 것이다(Giangreco, Dennis, Edelman, & Cloninger, 1994). 예를 들어, 제리드의 단기목표는 집게손가락으로 정교하게 잡기의 학습과 눈과 손의 협응 향상이다. 제리드의 팀(엄마, 유치원 교사, 유아특수교육 순회교사, 물리치료사)은 이 두 가지 목표를 하나로 합쳐서 통 속에 들어 있는 작은 사물을 잡거나 통 속에 물건넣기를 하기로 결정하였다. 'IEP 한눈에 보기' (〈표 2〉 참조)는 Giangreco와 동료들의 연구(1994)에서 발췌한 것으로 목표, 아동의 현재 능력에 대한 간단한 설명, 아동에게 필요한 특별한 관리에 대한 정보를 제공한다.

단계 2: 목표를 체계화하기

삽입된 학습 목표에서 아동이 진전을 보이려면 교사는 아동에게 목표를 연습할 수 있는 기회를 온종일 충분히 줘야 한다. 아동의 팀은 'IEP 한눈에 보기'를 이용하여 각 아동의 매일의 활동과 일과를 주의 깊게 검토하고 언제 기회가 자연스럽게 생기는지 또는 아동의 목표를 쉽게 수정할 수 있는지를 정한다. 한 예로, 제리드 팀은 정교한 소근육 운동기술이, 특히 좀 더 효율적인 집게손가락으로 잡기와 눈과 손의 협응으로 목표물에 뻗기가, 제리드의 학습 목표의 중요한 측면이라는 점에 주목했다. 교사는 하루 동안 발생하는 다양한 뻗기

〈표 2〉 IEP 한눈에 보기

아동 이름: 제리드　　연령: 3세　　날짜: 9월 1일

목표 설명	아동 개요
• 두 개의 수화 단어를 함께 사용하기 • 집게손가락으로 잡기/눈과 손의 협응 • 균형 향상 • 수용 언어/지시 따르기 • 사물 연결하기	구어로 말하기 시작했으나 수화를 계속 사용하며 말과 비슷한 소리를 낸다(예: '물'을 '무'로). 25개의 수화 단어를 일관되게 사용한다(예: 먹다, 마시다, 엄마, 책, 장난감, 원하다, 그만해, 움직이다. 놀다, 끝내다, 자다, 과자, 물, 밖으로, 음악, 컴퓨터, 노래, 컵, 이 닦기, 열다, 내 거, 앉다, 밀다, 개, 아빠). 잘 걷지만 높이가 달라지면 어려움을 겪는다. 사회적 상호작용: 성인과의 상호작용을 주로 시작하며, 또래와의 상호작용을 시작하지 않으며, 또래의 놀이를 관찰하고 옆에서 놀기를 좋아한다. 친숙한 사람들과 인사하고 그들의 인사에 반응한다.
관리 요구	
수화를 사용하도록 촉진하지 않으면 의사소통을 할 때 낑낑대는 소리를 내거나 손으로 가리킨다. 쉽게 짜증을 내고 소리 지르며 발을 구른다.	

와 쥐기에 주의 깊게 주목하였다(예: 등원과 사물 넣기, 화장실 이용과 신변 처리, 정리하기 시간에 사물 들기, 간식 시간 등). 또한 교사는 기회 횟수를 증가시키기 위해 필요한 부가적인 자료나 활동의 수정에 주의를 기울였다. 예를 들어, 간식 시간에 손가락으로 집어 먹는 음식이 담긴 '지퍼백' 과자 봉투를 사용하면 봉투에서 과자를 꺼낼 때 두 손가락을 사용할 뿐만 아니라 '지퍼백' 과자 봉투는 약간 다른 움직임도 사용할 수 있는 또 다른 학습 기회라는 것을 알았다.

하루 동안 아동의 모든 목표와 활동에 걸쳐 충분한 연습 기회를

〈표 3〉 개별 활동표

활동/시간	삽입될 학습 목표				
	두 개의 수화 단어 사용하기	집게손가락으로 잡기/눈–손의 협응	균형 잡기 향상	수용 언어: 지시 따르기	사물 연결하기
등원	교사, 또래와 인사하기, 엄마와 작별 인사하기	코트를 걸이에 걸기, 도시락을 사물함에 넣기, 책가방 열기	사물함에 올라서기, 앞문으로 가기 위해 계단 오르기	물건을 정리하고 첫 번째 활동으로 옮겨가기 위해 지시가 필요할 때	
그룹 활동	질문에 대해 대답하기	손가락 놀이를 하기 위해 필요한 사물을 잡기, 악기 쥐기	둥근 원을 만들기 위해 작은 장애물 넘어가기	그림/책/행동 노래(예: 개와 꽃 찾기, 머리를 까딱거리고 손뼉 치기	활동의 일부로 같은 색깔, 모양 연결하기
정리하기	무엇을 어디에 정리할 것인가	자료들을 들어 상자에 담기	쪼그려 앉아 자료 잡기, 선반에 자료를 놓기 위해 낮은 발판 사용하기	무엇을 정리하고 어디에 담아야 하는가	선반 위의 사진과 자료 일치시키기, 빨간 블록을 빨간 블록 상자에 담기
화장실	"화장실 가." "다 했어." "도와줘."	바지 지퍼 내리기, 바지 단추 열기	계단 오르기, 타일을 건너뛰어 복도에서 뛰어내리기, 화장실까지 스키핑하기	필요한 경우 지시 따르기	
간식	요청하기, 더 달라고 하기, 사물을 열 때 도와 달라고 하기	지퍼백 스낵 봉투 열기, 국자로 음식 뜨기, 작은 크래커/음식 잡기		필요한 경우 지시 따르기	매트의 그림 자료 위에 같은 자료 놓기

주기 위해 교직원들이 개별 활동표(activity matrix)를 사용하는 것이 도움이 된다. 매일의 활동과 일과에 걸친 아동의 목표를 표시하기 위해 기회를 기록하고 체계화하는 데 활동표를 사용하는 것은 유아특수교육의 전공 서적에서 20년 이상 제안되고 제시되고 있다. '개별화 교육과정 순서 모델' (Guess & Holovet, 1983)에 관한 Doug Guess와 동료들의 연구, Diane Bricker와 동료들의 '활동 중심 중재' (Bricker et al., 1998), Sarah Rule과 동료들의 '매일의 교수 기회' (Rule, Utley, Qian, & Eastmond, 1999) 등이 대표적인 예다. 개별 활동표는 매일의 프로그램에 목표를 삽입하는 많은 기회를 설명하고 반영하기 위해 고안된 것이다. 〈표 3〉은 제리드의 유치원 교실에서 매일 여러 가지 활동에 걸친 활동표의 예를 보여 준다.

단계 3: 삽입교수의 고안, 실행, 평가

아동들의 활동은 그 활동이 재미있고 아동들이 적극적으로 참여한다고 해도 아동들이 자신의 학습 목표에 대한 진전을 보일 것이라고 장담할 수 없다. 또한 기회를 만드는 것이 모든 아동들의 학습 목표에 충분하지 않을 수 있다. 특히 목표가 새로운 기술이나 아동이 현재 보이고 있는 행동보다 정교한 행동이라면 더욱 그렇다. 이런 경우 학습 기회는 교수와 병행되어야 한다. 따라서 활동표가 만들어지면 아동 팀은 목표들을 검토하여 아동이 목표 행동을 학습하기 위해 직접적인 교수가 필요한지를 정해야 한다.

만약 모든 또는 대부분의 목표들이 교수를 필요로 한다면 팀은 우선순위를 정하고 학급의 교사들이 힘겨워하지 않을 정도의 시차를 둔 형식으로 교수를 시작한다. 또한 교수에 초점을 두는 활동의 우선순위를 정할 수 있다. 즉, 팀은 활동표에서 확인한 4개 중 2개의 활동이나 일과 동안 교수를 제공하기로 결정할 수 있다. 다른 2개의 활동은 일반화를 위한 기회로 삼을 수 있다. 예를 들어, 제리드의 교사는 팀의 다른 구성원과 함께 사물 연결하기와 소근육 운동기술을 목표로 정하였다. 팀은 다른 기술들은 싹트기 기술이고 주로 연습할 기회가 필요하다고 느꼈다. 그러나 모든 팀 구성원은 제리드에게 두 가지 목표는 지금까지 보여 준 적 없는 새로운 개념이고 보다 정교한 수준의 기술이 필요하다고 생각했다. 또한 제리드가 17명의 다른 아동과 함께 어린이집에 다니고 있기 때문에 추가적인 보조인력이 배치되는 활동이나 다른 아동들이 교사의 주의를 덜 요하는 활동에 삽입교수를 하기로 정하였다. 따라서 정리하기와 간식 시간에 교수를 실행하기로 결정했다. 간식 시간에 보조인력이 학급에 있어서 교수가 보다 용이했다. 마찬가지로 간식 시간에 다른 교직원이 한 명 더 교실에 들어오므로 사물 연결하기를 지도할 수 있기에 선택했다. 정리하기는 다른 아동들이 큰 도움을 필요로 하지 않는 시간이기에 교사와 보조인력은 제리드에게 교수를 실행할 수 있었다.

좋은 삽입교수를 고안하기 위해 고려해야 할 몇 가지 중요한 점은 다음과 같다. 교사는 아동이 ① 무엇을 해야 하는지, ② '정반응'이 어떤 것이고 어떤 느낌인지, ③ 자신의 반응의 '정확성'과, ④ 반응이 긍정적인 결과를 가져올 것이라는 것을 알게 해야 한다. 따라서 교사는 어떻게 이러한 측면을 아동이 새로운 기술을 학습하는 데 실행할 것인지 주의 깊게 계획해야 한다. 따라서 아동이 진도를 보이는지에 대한 체계적인 점검(모니터링)은 매우 중요하다. 이 점검을 통해 교사는 언제 아동에게 더 이상 교수가 필요하지 않은지, 언제 교수의 수정이 필요한지를 결정할 수 있다.

'ELO 한눈에 보기'(McCormick & Feeney, 1995에서 수정 발췌)는 이러한 교수적 계획 요소들을 성취하는 데 유용한 도구다. 'ELO 한눈에 보기'와 목표에 대한 교수계획을 완성하기 위해서 다음의 4가지를 결정해야 한다. ① 아동이 활동에 참여하기 위해 필요한 수정, ② 교사의 교수행동, 즉, 무엇을 하고 무엇을 말할 것인지 결정하기, ③ 아동이 정확한 목표 행동을 보일 때 후속 결과, 즉 어떻게 반응할 것인지, ④ 실행할 평가 절차다. 제리드의 'ELO 한눈에 보기' 사례(표 4)를 통해 각각에 대해 간략하게 설명할 것이다.

필요한 수정

첫째, 교사는 목표를 학습하기 위한 기회를 제공할 활동에 어떤 수정이 반드시 포함되어야 하는지 결정한다. 여기에는 자료를 더하거나(예: 제리드의 경우, 각 아동에게 컵, 접시, 냅킨 자리를 표시한 식탁 매트, 같은 색깔로 된 사물들 여러 세트) 자료를 빼기(예: 아동이 반드시

부탁할 수 있도록 미술활동에 필요한 풀을 손이 닿지 않는 곳에 두기); 활동에 대한 기대 수정하기(예: 제리드가 식탁 차리는 것을 돕는 도우미가 되기); 목표를 사용해야 하는 활동 고안하기(예: 제리드는 정리하기 일과를 하기 위해 사물들의 짝을 맞춰야 함) 등을 포함한다.

교사는 무엇을 하고 무엇을 말할 것인가

다음으로 교사는 학급의 교직원이 어떻게 아동의 학습 목표를 지원할 것인가에 대한 질문에 답해야 한다. 첫 번째 질문은 "무엇을 할 것인가?" 이다. 즉, 어떻게 기회가 생기게 하고, 기회가 생기면 어떻게 그 기회를 학습 기회로 활용할 것인가이다. 예를 들어, 제리드의 교사는 식탁 차리기의 첫 단계를 교사가 실행하면서 정반응을 시범 보임으로써 제리드가 알게 해 주려고 계획하였다. 또한 교사들은 제리드가 시도할 수 있도록 격려하기 위해 자연스러운 대화 기회를 사용할 것이다. 초기에는 제리드가 정반응이 무엇인지 알게 하기 위해 구어적 촉진(예: "컵을 가운데에 놓으렴." "이 블록을 다른 초록색 블록과 같이 놓으렴." 이라고 말함)과 신체적 단서(예: 제리드가 컵을 가운데 놓도록 구어적 단서를 제공하면서 원을 그림)를 제공할 것이다.

어떻게 반응할 것인가

다음으로 팀 구성원은 아동이 원하는 반응을 했을 때 "어떻게 반응할 것인가?" 를 생각해 보아야 한다(예: 기록된 기회의 80%를 하나의 시각적인 특성에 따라 사물을 맞게 연결시킴). 이 반응은 아동이 그 기

〈표 4〉 제리드의 ELO 한눈에 보기

목표: 일상적인 다양한 사물들을(예: 학급 블록, 식기, 장난감 자동차) 하나의 시각적 특성(예: 색, 모양, 크기)에 따라 기회의 90%를 정확하게 연결시킬 것이다.

날짜: 9월 28일 활동: 간식=1/정리하기=2

자료: 1=식탁 매트/2=같은 색의 장난감/블록

(1) 필요한 수정

1= 간식: 모든 아동에게 식탁 매트; 제리드는 일주일 동안 식탁 차리기 도우미

2= 정리하기: 같은 색깔의 다양한 사물; 하나의 사물을 통에 넣고 다른 사물들은 밖에 둔다.

(2a) 무엇을 할 것인가?

1= 첫 번째 매트에 대해 첫 시범을 보임; 한번에 하나의 물건을 구어적 촉진/단서와 함께 줌; 매트 위 사물의 윤곽선을 따라 그리며 교정적 피드백과 추가의 신체적 단서 제공

2= 위와 같으나 색깔에 대한 교정적 언급

(2b) 무슨 말을 할 것인가?

자연적 단서 사용: "네가 하는 것을 보자."

매트 위와 컵의 바닥에 동그라미를 그리며 "컵을 여기에 두렴."

"빨간 자동차를 먼저 넣을 수 있니?"

(3) 어떻게 반응할 것인가?

칭찬; 인정; 정확성에 대해 피드백; 다음 활동으로 옮겨 가기

(4) 평가 절차

누가? 에바 어디서? 1=간식/2=1, 2차 정리하기

어떻게? ___ 일화기록 ___ 포트폴리오 ___ 관찰 _X_ 빈도 세기

다음의 부호 체계를 사용하여 빈도를 측정함.

+ = 독립적인 정반응, − = 오반응

H = 도움이 필요함(시범, 구어적 촉진, 신체적 촉진)

언제? 1=화/2=목

9/4 (1) HHHHHHHHHHHH 9/6 (2) HHHHHHHH

9/11 (1) HHH++−HHHHH 9/13 (2) HHHHH +++

9/18 (1) H+++−−HH−H−H 9/20 (2) +++++++++++

술을 수행할 수 있다는 것을 알게 할 뿐만 아니라 이 반응이 노력에 대한 대가라는 것을 느끼게 하는 것이어야 한다. 또한 아동이 이 기술을 다시 하려는 가능성을 높이기 위해서 아동의 정확한 반응에 대한 구어적 피드백을 계획에 포함해야 한다(예: 교사가 "그래, 제리드. 그 초록색 자동차는 다른 초록색 장난감이랑 같이 그 상자에 넣는 거야."; 손가락으로 포크의 모양을 따라 그리면서 교사는 "그래, 제리드. 포크는 포크 서랍에 넣어야지."). 만약 아동이 오반응을 한다면, 교사는 아동에게 교정적 피드백을 제공한다(예: 매트 위의 포크의 모양을 따라 그리면서 포크를 접시에서 옮기면서 교사는 "제리드 이것 봐, 포크는 포크 서랍에 넣는 거야."라고 말함). 삽입학습을 실행할 때 활동 참여 자체가 내재적 강화가 되지만, 교사는 반드시 참여가 실제로 긍정적인 사건이 되도록 해야 한다. 제리드의 학급의 경우, 정리하기 활동을 끝내면 모든 아동은 다른 아동이 끝낼 때까지 사물함에 있는 책을 볼 수 있도록 허락하였다. 제리드가 빨리 끝낼수록 자기가 좋아하는 책을 더 빨리 볼 수 있게 되는 것이다.

평가 절차

마지막으로 교사는 아동의 목표에 대한 진도를 어떻게 점검할 것인지 결정해야 한다. 이는 누가 자료를 수집할 것인지와 목표에 맞는 형식과 절차는 무엇인지를 결정하는 것이다. 제리드의 경우, 팀은 주교사가 사건 발생을 기록하는 데 가장 적합하다고 생각하였다. 또한 사물 연결하기는 상대적으로 분리된 기술이므로(즉, 관찰이 쉽고 행동의 시작과 끝이 명확함) 막대 긋기(//)가 적절할 것으로 판단했다. 만약 덜 분리된 행동이 학습 목표라면(또래와의 상호작용의 시작과 유지 등과 같은) 간단히 기록하는 메모 등이 적절한 전략이 될 것이다. '수직선과 수평선 긋기' 등과 같은 결과물이 있는 학습 목표의 경우, 설명 글과 함께 날짜가 적힌 포트폴리오를 시간대별로 검토하는 것이 적절할 것이다. 진도 자료를 수집하는 또 다른 아이디어나 전략은 Martin(1998)의 『유아기 관찰과 포트폴리오 진단(Take a Look: Observation and Porfolio Assessment in Early Childhood)』에 잘 소개되어 있다.

적은 비용으로 믿을 수 있는 정보를 산출하는 비간섭적인 평가 전략을 고안하는 것은 쉽지 않은 작업이다. 그러나 이것은 좋은 교수에 매우 중요한 일이다. 또한 정보 수집은 교수전략의 성공을 평가하는 첫 단계일 뿐이다. 교실의 팀은 평가 정보를 정기적으로 살펴보고 평가 정보에 기초하여 결정을 내려야 한다. 예를 들어, 사물 연결하기에 관한 제리드의 3주간 자료는 간식 시간에는 성공적인 진전을 보인 반면 정리하기 시간에는 그렇지 못했음을 보여 준다. 이와 같은 결과는 정리하기의 자료들이 분류하기에 좀 더 어렵기 때문인가? 동기의 문제인가? 또는 시간이 짧아 제리드의 독립적인 시도를 교사가 미리 대신하기 때문인가? 평가 자료가 이러한 질문에 대한 모든 답을 제공하지는 않지만 자료들은 제리드가 자료와 상황에 따라 학습 목표를 성취하는 것을 어떻게 도와야 하는지에 대해 많은 정보를 제공한다.

요 약

ELO의 실행은 학습 목표에 대한 기회가 있고 교사가 이러한 기회를 이용하는 구조화되고 체계적인 계획에 근거한다. 아동의 발달적인 진전을 위해서는 가르칠 순간을 만들고, 인식하고, 사용하여야 한다. 모든 좋은 교수와 마찬가지로 학습 목표 성취를 향한 진도는 모니터링되어야 한다. 보다 복잡한 기술이나 다음 단계 기술로 나아가는 것이나 교수절차를 바꾸는 것 등과 같은 교수적 결정은 수집된 자료를 주의 깊게 분석한 후 내려져야 한다. 유아가 학습에서 진전을 보이면서 즐겁고, 재미있고, 흥미로운 활동에 접근할 수 있고 참여하는 데 초점을 맞춰야 한다. 즐겁고 의미 있는 활동은 유아에게 강한 동기를 부여하는 것은 물론 하루 동안 기술을 반복해서 연습하게 한다.

주

Eva Horn의 연락처: 이메일 at evahorn@ku.edu

본 논문은 미국 교육부의 지원(H024K4004)을 받은 것이다.

참고문헌

Bricker, D., & Cripe, J. J. (1992). *An activity-based approach to early intervention*. Baltimore: Paul H. Brookes.

Bricker, D., Pretti-Frontczak, K., & McComas, N. R. (1998). *An activity-based approach to early intervention* (2nd ed.). Baltimore: Paul H. Brookes.

Fox, L., & Hanline, M. F. (1993). A preliminary evaluation of learning within developmentally appropriate early childhood settings. *Topics in Early Childhood Special Education, 13*(3), 308-327.

Giangreco, M., Dennis, R., Edelman, S., & Cloninger, C. (1994). Dressing your IEPs for the general education climate: Analysis of IEP goals and objectives for students with multiple disabilities. *Remedial and Special Education, 15*(5), 288-326.

Guess, D., & Holovet, J. (1983). *The Kansas Individualized Curriculum Sequence(ICS) model: Evaluation studies*. Lawrence, KS: University of Kansas.

Horn, E., Lieber, J., Sandall, S., Schwartz, I., & Li, S. (2000). Supporting young children's IEP goals in inclusive setting through embedded learning opportunities. *Topics in Early Childhood Special Education, 20*(4), 208-223.

Losardo, A., & Bricker, D. (1994). Activity-based and direct instruction: A comparison study. *American Journal of Mental Retardation, 98*(6), 744-765.

Martin, S. (1998). *Take a look: Observation and portfolio assessment in early childhood*. Don Mills, Ontario: Addison-Wesley.

McCormick, L. & Feeney, S. (1995). Modifying and expanding activities for children with disabilities. *Young Children, 50*(4), 10-17.

Mudd, J. M., & Wolery, M. (1987). Training Head Start teachers to use incidental teaching. *Journal of the Division for Early Childhood, 11*(2), 124-133.

Peck, C. A., Killen, C. C., & Baumgart, D. (1989). Increasing implementation of special education instruction in mainstream preschools: Direct and generalized effects of nondirective consultation. *Journal of Applied Behavior Analysis, 22*(2), 197-210.

Rule, S., Utley, G., Qian, A., & Eastmond, N. (1999). *Strategies for preschool intervention in everyday settings (SPIES) video series.* Logan, UT: Utah State University.

Salisbury, C. L., Mangino, M., Petrigala, M., Rainforth, B., & Syryca, S. (1994). Promoting the instructional inclusion of young children with disabilities in the primary grades. *Journal of Early Intervention, 18*(3), 311-322.

Sandall, S., Schwartz, I., Joseph, G., Chou, H. Y., Horn, E., Lieber, J., Odom, S., & Wolery, R., A. (in press). *Building blocks for successful early childhood programs: Strategies for including all children.* Baltimore: Paul H. Brookes.

Santos, R. M., Lingnugaris/Kraft, B., & Akers, J. (1999). Tips on planning center time activities for pre - school classrooms. *Young Exceptional Children, 2*(4), 9-16.

Venn, M. L., & Wolery, M. (1992). Increasing daycare staff members' interactions during caregiving routines. *Journal of Early Intervention, 16*(4). 304-319.

Venn, M. L., Wolery, M., Werts, M. G., Morris, A., DeCesare, L. D., & Cuffs, M. S. (1993). Embedding instruction in art activities to teach preschoolers with disabilities to imitate their peers. *Early Childhood Research Quarterly, 8*(3), 277-294.

Wolery, M. (1994). Implementing instruction for young children with special needs in early childhood classrooms. In M. Wolery & J. S. Wilbers (Eds.), *Including children with special needs in early childhood programs* (pp. 97-118). Washington, DC: National Association for the Education of Young Children(NAEYC).

Wolery, M., & Wilbers, J. S. (Eds.) (1994). *Including children with special needs in early childhood programs*. Washington, DC: National Association for the Education of Young Children(NAEYC).

교실과 가정에서 고확률 절차의 적용

아동이 알고 있는 것으로 새로운 것을 가르치기

Rosa Milagros Santos, Ph.D., University of Illinois at UrbanaCampaign

3세 유아 애이드리안은 알렉스와 앤지의 첫아이이다. 발달지체로 진단받은 애이드리안은 작년에 조기중재를 받은 후 언어와 운동기술에서 놀랄 만한 진전을 보였다. 그의 개별화가족서비스계획 회의에서 애이드리안의 어린이집 교사, 조기중재 서비스 중재자, 부모는 애이드리안이 장난감을 치우라는 것과 같은 어른의 특정한 요구 따르기를 학습할 필요가 있다고 동의했다. 가정에서는 앤지가 잠자리에 들기 전에 장난감을 치우게 하려고 한참 동안 실랑이를 해야 했다. 대부분의 경우, 앤지가 장난감을 치우는 동안 애이드리안은 타임아웃을 하는 것으로 끝이 났다.

또한 어린이집 교사는 애이드리안이 교사나 또래가 시작한 설명이나 대화에 대개는 구어로 반응하지 않는다고 보고하였다. 교사의 직접적인 요구(예: "이것이 무엇이니?")에는 반응하고 또한 애이드리안이 학급에서 자주 일어나는 간접적인 요구(예: 우스꽝스런 설명이나 예기치 않은 사건)에도 반응하는 것을 학습하기를 바랐다. 애이드리안에게 장난감 치우기와 교사의 간접적인 요구에 반응하기와 같은 새 기술을 가르칠 때 애이드리안이 이미 능숙하게 사용하는 기술을 이용하는 고확률 절차라 불리는 중재전략을 시도해 볼 것이 회의에서 제안되었다.

현재 DEC 추천 실제는 고확률 절차를 유아특수교사가 아동의 놀이, 참여, 적절한 행동, 학습의 복잡성과 지속시간을 증가시키기 위해 사용할 수 있는 많은 전략 중 하나라고 제안하였다(Wolery, 2000: p. 37). 이 논문의 목적은 고확률 절차를 정의하고 이 중재전략을 설명하며, 고확률 절차를 선택할 때 고려할 문제들을 제안하는 것이다.

고확률 절차의 정의

고확률 절차(high-probability procedures)는 아동이 새로운 기술을 수행하도록 요구하기 전에 이미 아동의 목록기술을 요구한다. 아동의 목록기술은 아동이 쉽게 할 수 있고 지속적으로 수행하는 행동을 말한다. 이 기술들은 아동이 성인이 요구에(예: "발끝을 만져라." 또는 "이름을 말해 봐.") 반응하여 수행할 가능성이 매우 높기 때문에 '고확률 절차' 또는 'high-p'라고 한다. 새로운 기술은 아동이 일관되게 수행하기 어려운 기술이고 따라서 '저확률 절차' 또는 'low-p'라고 한다. 이 논문의 목적에 따라 '고확률 절차'라는 용어는 성인이 일련의 요구를 하는 전략이며 대부분의 연구에서는 아동이 일관되게 반응하지 못하는 요구(low-p)를 하기 전에 아동이 일관되게 반응하는 3 가지 연속적인 요구(high-p)를 하는 것을 말한다. 아동이 반응할 가능성이 높은 요구를 했을 때 반응 비율은 높아진다. 또한 강화 비율도 높아진다. 이처럼 반응 비율과 강화 비율은 '탄력'을 받게 되어(가속도가 붙어서) 저확률 요구에 반응할 가능성을 높이게 된다(Santos & Lignugaris/ Kraft, 1999).

고확률 절차에 대한 연구

많은 연구에서 고확률 절차와 학령기 아동, 장애 비장애 성인의 순응적인 태도를 증가시키는 데 있어서의 고확률 절차의 효과성이 밝혀졌다(예: Davis, Brady, Williams, & Hamilton, 1992; Davis et al., 1994; Ducharme & Worling, 1994; Horner et al., 1991; Houlihan, Jacobson, & Brandon, 1994; Mace et al., 1990; Sanchez-Fort, Brady, & Davis, 1995; Singer, Singer, & Horner, 1987; Wehby & Hollahan, 2000; Zarcone, Iwata, Mazaleski, & Smith, 1994). 문헌들에서 고확률 절차는 '고확률 요구(high-probability requests)' (Harchik, & Putzier, 1990; Zarcone, Iwata, Mazaleski, & Smith, 1994), '행동의 가속도(behavioral momentum)' (Davis, & Brady, 1993; Mace et al., 1990; Nevin, Mandell, & Atak, 1983; Nevin, Tota, Torquato, & Shull, 1990), '과제 전 요구(pretask requests)' (Singer, Singer, & Horner, 1987), '산재한 요구(interspersed requests)' (Horner, Day,

Sprague, O'Brien, & Heathfield, 1991)로 불려졌다. 고확률 절차에 대한 최근의 연구는 유아들에게도 이 절차가 효과적임을 보여 준다(Davis, & Brady, 1993; Davis, & Reichle, 1996; Houlihan, Jacobson, & Brandon, 1994; Killu, et al., 1998; McComas, Wacker, & Cooper, 1998; Rortvedt, & Miltenberger, 1994).

또한 연구들은 고확률 절차가 장애유아의 운동과 언어발달 등과 같은 특정 기술의 발달에도 사용될 수 있음을 보여 준다(Davis, & Brady, 1993; Santos & Lignugaris/Kraft, 1999). 두 개의 관련된 연구에서 고확률 절차는 언어발달지체 유아에게 새로운 '색깔' 단어를 가르치고(Lignugaris/Kraft & Santos, 1997), 교사의 간접적이고 엉뚱한 설명에 대한 아동의 반응을 증가시키는 데(Santos & Lignugaris/Kraft, 1999) 사용되었다. 이 연구들에서 흥미로운 점은 고확률 절차를 아동의 학급 일과와 활동에 어떻게 삽입하였는가 하는 것이다. 또한 "의사소통 및 사회성 기술 습득 및 사용을 촉진하기 위해 ……"(Wolery, 2000: p. 37) DEC가 추천한 자연적인 교수절차를 쉽게 성공적으로 고확률 절차와 결합한 점이다. 예를 들어, Santos와 Lignugaris/Kraft(1999)는 교사가 아동에게 "……예/아니요로 대답할 수 없는 질문이나 구어로 말하기를 가르치는데"(Warren, McQuarter, & Rogers-Warren, 1984: p. 45) 고확률 절차를 요구-모델 절차와 결합하였다. 이러한 연구들의 결과는 아동이 고확률 절차를 사용하여 새로운 기술을 배운다는 것을 보여 준다. 또한 아동에게 다양한 기술을 가르치는 데 있어서 고확률 절차의 잠재적인 가능성을 보여주고 있다.

장애유아에게 고확률 절차를 사용하는 것에 관해 관심이 증대되고 있고, 유아특수교육 현장에서 고확률 절차를 중재전략으로서 사용하도록 추천하고 있으므로 교사나 임상가들이 어떻게 이 절차를 자신의 상황에 맞게 적용할지를 배우는 것은 중요하다. 부모와 양육자들도 가정에서 아동에게 이 절차를 사용하는 데 관심이 있을 수 있다.

교실과 가정에서 고확률 절차의 적용

교실과 가정에서 고확률 절차를 사용하는 것은 쉽다. 보다 효과적으로 적용하기 위해서는 주의 깊은 관찰과 계획이 필요하다. 효과적인 고확률 절차를 실행하는 데는 3가지 요소가 포함된다. 다음은 각 요소에 관한 설명과 그에 걸맞은 사례와 유용한 단서들이다.

요소 1: High-p와 Low-p 요구의 결정

고확률 절차가 성공적으로 수행되기 위해서는 우선 성인은 아동이 일관되고 능숙하게 반응할 가능성이 높은 High-p 요구를 확인해야 하고, 그다음에 아동이 반응하기 시작하기를 바라는 Low-p 요구(즉, 아동이 현재 반응하지 않거나 일관되지 않게 반응하는 행동)를 목표로 한다. 아동의 High-p 요구에 대한 일관되고 정확한 반응은 탄력이 붙게 하고 따라서 Low-p 요구에 대해 아동이 반응할 가능성을 증가시키기 때문에 중요하다.

High-p와 Low-p 요구 둘 다 아동의 운동 또는 언어적 반응을 요구할 수 있다. 이를테면, 한 활동에서 다른 활동으로 전이할 때 교사는 아동에게 장난감을 들고, 외투를 입고, 책가방을 가져오라고 요구할 수 있다. 전형적인 일과와 활동(예: 간식 또는 이야기 나누기 시간) 동안 아동과 이야기할 때 교사는 아동에게 구어로 또는 수화로 반응하도록 요구할 수 있다. 이때, 교사는 아동에게 특정 사물의 이름을 말하거나(예: "무엇을 만들었니?"), 사물들 중에서 선택하라고 하거나(예: "바나나 먹을래, 사과 먹을래?"), 사물이나(예: "네 셔츠는 무슨 색이니?") 사건을(예: "고양이가 뭐라고 말하니?") 설명하라고 요구할 수 있다.

애이드리안은 질문을 하면(예: "이건 뭐지?" "곰 아저씨 귀는 어디 있지?") 신체 부위를 표현할 수 있다. 엄마 앤지는 애이드리안이 이런 질문에 80% 이상 반응할 수 있다는 것을 안다. 그러나 애이드리안은 장난감을 가지고 논 다음 장난감을 치우라는 엄마의 특정 요구에 반응을 잘 하지 않는다. 앤지는 사물의 이름 말하기를 자신의 High-p 요구로 하여 애이드리안이 장난감을 치우라는 Low-p 요구에 반응하도록(예: " 장난감을 상자에 담자.") 사용할 수 있다.

어린이집에서 애이드리안의 교사는 애이드리안이 교실에서 볼 수 있는 사물들의 이름을 말하라고 하는 직접적인 요구에 반응할 수 있음을 알고 있다(예: "무엇이 필요하니?" "무엇을 만들었니?"). 교사들은 직접적인 요구를 High-p로 하여 간접적인 요구에(예: 고양이를 가리키며, "저것은 개야."라고 말하는 등과 같이 엉뚱한 설명) 반응하는 Low-p에 반응하도록 촉진할 것을 결정하였다.

요소 2: 아동의 환경 내의 일과, 활동, 자료 이용하기

DEC는 "…… 아동의 학습과 참여를 촉진하기 위하여 환경, 활동, 일과에 체계적인 절차를 사용"(Wolery, 2000: p. 37)할 것을 추천하였다. 아동의 환경에 있는 매우 흥미로운 자료를 사용하여 고확률 절차를 일상적인 일과와 활동에 삽입할 때 가장 중요한 것은 계획을 세우는 것이다. 예를 들면, 교사들은 교실에서 아동이 어떤 장난감이나 사물을 가장 많이 가지고 노는지 알고 있다. 또한 아동을 관찰하여 아동이 좋아하는 일과와 활동을 알 수 있다. 이처럼 아동이 좋아하는 자료, 일과, 활동을 고확률 절차에 통합해야 한다.

주중에 앤지는 퇴근하여 주로 애이드리안과 놀아 주고, 잠자리에 들기 전에 애이드리안을 목욕시킨다. 이때, 애이드리안은 엄마와 함께 놀 장난감을 고른다. 최근에 앤지는 애이드리안이 블록이나 미스터 포테이토와 같이 붙였다 떼는 장난감을 가지고 자주 노는 것을 보았다. 또한 애이드리안은 어린이집에서 보드마커, 물감, 풀, 도화지, 크레용 등과 같은 자료를 사용한 다양한 미술활동을 좋아한다. 교사는 이러한 자료들을 사용할 수 있을 때 애이드리안이 미술영역으로 가고 싶어 하고 그것들을 이용하여 그림을 그려 집에 가져가고 싶어 한다는 것을 발견한다. 가정과 학교의 일과 동안 애이드리안이 좋아하는 장난감, 자료, 활동을 이용하여 앤지와 교사는 고확률 절차를 쉽게 실행할 수 있을 것이다.

요소 3: 세 번의 High-p 요구와 한 번의 Low-p 요구

고확률 절차의 실제 실행은 간단하며 활동 중에 1~2분 동안 일어난다. 교사들은 이 절차를 '왕이 가라사대'와 유사한 게임으로 이용한다. 예를 들어, 대그룹 활동을 하기 위해 모든 아동을 바닥에 앉게 하려고 교사는 일련의 High-p 요구를(예: "어깨를 만져라." "귀를 비벼라." "높이 뛰어라.") 한 후 Low-p 요구("잘했어, 바닥에 앉아라.")를 한다.

고확률 절차는 우연적 교수, 요구-모델 절차, 환경적 교수, 언어확장 등과 같은 일상적으로 일어나는 아동의 활동과 일과에 삽입하는 다른 교수전략과 함께 실행할 수 있다. 고확률 절차와 다른 교수전략을 합친 예가 〈표 1〉(애이드리안과 엄마)과 〈표 2〉(애이드리안과 교사)에 제시되었다.

애이드리안의 엄마는 '체계적인 설명(systematic commenting)' 교수전략을 고확률 절차와 함께 사용하여 애이드리안이 엄마에게 건네는 각 사물을 설명하고 이름을 말해 주었다(예: "노란 신발."). 또한 애이드리안의 교사는 '언어확장' 교수전략을 사용하여 자신의 직접적인 질문에 대해 애이드리안의 반응을 정교하게 관찰함으로써 애이드리안의 말을 확장하였다(예: 교사가 "이것은 무엇이니?"라고 묻

〈표 1〉 가정에서 적용한 고확률 절차의 예

상황: 애이드리안과 엄마 앤지는 미스터 포테이토를 가지고 놀고 있다. 앤지는 애이드리안이 장난감을 치우라는 말을 듣고 잘 준비하도록 하는 데 고확률 절차를 사용한다.

	고확률 요구	고확률 요구	고확률 요구	저확률 요구
앤지는 요구를 한다:	"애이드리안, 미스터 포테이토의 코를 찾아 줄래."	"애이드리안, 미스터 포테이토 모자를 봤니?"	"미스터 포테이토의 신발을 가져도 되겠니?"	"미스터 포테이토를 상자에 넣는 것을 도와줄래."
애이드리안은 엄마의 요구에 반응한다:	애이드리안은 코를 엄마에게 준다.	애이드리안은 모자를 엄마에게 준다.	애이드리안은 신발을 엄마에게 준다.	애이드리안은 미스터 포테이토의 부분들을 상자에 넣도록 엄마에게 준다.
앤지는 요구에 반응하는 애이드리안을 칭찬한다:	"훌륭해, 코를 찾았구나."	"맞아, 그건 미스터 포테이토의 야구 모자야."	"잘했어! 미스터 포테이토의 노란 신발을 찾았구나."	"장난감을 치워줘서 고마워, 아들."

〈표 2〉 교실에서 적용한 고확률 절차의 예

상황: 애이드리안의 어린이 집에서 교사는 책상에 앉아서 하는 활동 중 애이드리안이 교사의 말에 계속 반응하도록 격려하기 위해 고확률 절차를 사용한다.

	고확률 요구	고확률 요구	고확률 요구	저확률 요구
교사는 요구를 한다:	"애이드리안, 무엇을 만들고 있니?"	"그건 누구니?"	"집 위에 있는 것은 무엇이니?"	"그건 노란 새 같구나(엉뚱한 말)."
애이드리안은 교사의 요구에 반응한다:	"내 집!"	"애이드리안이랑 엄마."	"새."	"아니야, 빨간 새야."
교사는 요구에 반응하는 애이드리안을 칭찬한다:	"아, 그래. 큰 집이구나."	"근사하구나."	"예쁜 새를 그렸구나."	"그래, 맞아. 빨간 새야."

고, 애이드리안이 "내 집."이라고 대답하면 교사는 "큰 집이네."라고 정교화한다). 또한 애이드리안이 목표 기술을 보다 능숙하게 하는 데 도움이 필요하면 고확률 절차는 쉽게 성인 시범이나 신체적 또는 언어적 지원과 함께 병용될 수 있다. 가령, 애이드리안이 엄마의 "장난감 치우자."라는 Low-p 요구에 오반응하면 앤지는 애이드리안의 손 위에 자신의 손을 얹고 함께 장난감을 치우는 신체적 촉진을 사용할 수 있다. 엄마는 이것과 함께 "이렇게 장난감을 치우는 거야."라고 말하는 언어적 단서를 병용할 수 있다. 애이드리안의 교사는 자신의 Low-p 요구에 대한 오반응에 예를 들어, "이런, 이건 노란색이 아니네. 이것은 빨간 새야. 빨강이라고 말해 볼래?"라고 말하여 정반응을 시범 보일 수 있다.

이처럼 Low-p 요구를 하기에 앞서 High-p 요구를 하는 것은 효과를 거둔 많은 연구에서 해 온 방법이다(예: Davis, & Reichle, 1996; Santos & Lignugaris/Kraft, 1999). 그러나 중요한 것은 High-p 요구와 Low-p 요구를 하는 시간이며, 무엇보다 아동을 강화하는(예: 아동을 말로 칭찬하는 것) 것이다. 반응할 가속도가 붙게 하기 위해 세 번의 High-p 요구는 빨리 연속적으로 실행되고 곧바로 Low-p 요구를 해야 한다. 연구에 의하면(Davis, & Brady, 1993; Davis, & Reichle, 1996; Davis, Reichle, Southard, & Johnston, 1998; Houlihan, Jacobson, & Brandon, 1994), Low-p 요구는 세 번의 High-p 요구에 대한 정반응 후 5초 이내에 해야 한다. 마지막으로, 연속적인 각 정반응에(독립적이든지 성인의 도움을 받았든지) 대한 적절한 칭찬과 강화를 한다.

유의 사항

다른 중재절차와 마찬가지로 고확률 절차가 모든 아동, 모든 상황에 효과적이지는 않다. Santos와 Lignugaris/Kraft(1999)는 고확률 절차가 효과적이지 않은 상황에 대해 설명하였다. 첫째, 아동의 행동과 기질은 성인의 요구 유형에 대한 순응에 영향을 미친다. 어떤 아동은 다양한 이유로 고확률 절차와 상치하는 문제행동을 보일 수 있다. 상호작용 동안에 아동과 성인 사이에 힘 겨루기가 일어날 수도 있고 이는 성인의 요구에 대한 아동의 순응을 감소시킬 수 있다. 예를 들어, 애이드리안은 엄마인 앤지나 교사의 High-p 요구를 하나 걸러서 순종하여 일관되지 않은 반응을 보일 수 있다. 또는 애이드리안은 엄마나 교사의 High-p 요구에 반응하는 것을 거부할 수도 있다. 이 두 가지 경우, 앤지나 교사는 애이드리안이 장난감을 치우거나 자리에 앉는 것과 같은 Low-p 요구에 반응하는 것을 촉진하는데 필요한 가속도를 높일 수 없다. 이런 경우, 고확률 절차의 효과적인 실행에 방해가 될 수 있는 다른 행동을 파악하는 것이 급선무다.

둘째, 아동이 고확률 요구에 일관되게 정반응하는 것이 중요하다. 만약 아동이 오반응을 한다면, 강화를 덜 받게 되고 성인은 교정절차를 하게 된다. 만약, 애이드리안이 엄마가 요구하는 것을 잘못 건네주면, 엄마는 "음, 이건 미스터 포테이토의 눈이네, 모자를 줄래."라고 말한다. 애이드리안이 정확한 사물을 건넬 때까지 엄마는 다음 요구를 하지 않고 따라서 애이드리안이 반응할 가속도가 붙지 못하게 된다. 이미 말한 것처럼, High-p 요구에 대한 반응이 증가한 결과로 강화의 비율이 높아지는 것은 Low-p 요구에 대한 반응을 하기 위한 가속도(탄력)를 높이는 데 필요하다.

셋째, 다른 아동이 있는 것은 요구에 대한 아동의 반응에 영향을 미칠 수 있다. 구어적 반응을 요구할 때 고확률 절차의 대상인 특정 아동이 반응하기 전에 다른 아동이 먼저 부모나 교사의 요구에 반응할 수 있다. 이러한 경우 아동집단을 구성할 때 대상 아동의 요구에 대한 반응을 가로채지 않을 아동들과 함께 한 그룹으로 만드는 것이 좋다. 특정 운동기술의 경우, '게임을 할 줄' 아는 또래와 함께 두는 것은 대상 아동에게 정반응에 대한 시범을 보이거나 학급의 다른 아동들과 함께 참여하는 데 도움이 될 수 있다. 예를 들어, 애이드리안은 또래와 함께 상호작용하는 것이 포함된 행동 노래를 좋아한다(예: 서로 어깨를 두드리거나 손 잡기).

마지막으로 고확률 절차는 단기간의 중재로 가장 잘 활용된다. 이 절차를 사용한 대부분의 연구는(Davis et al., 1998; Killu et al., 1998; Santos와 Lignugaris/Kraft, 1999) 이 전략의 효과가 즉각적임을 보여주었다. 따라서 일단 애이드리안이 장난감을 치우라는 엄마의 요구(Low-p 요구)에 일관되게 반응하면 엄마는 자연적 단서와 후속 결과를 사용하기 시작한다. 어떤 아동에게는 이 '게임'이 다소 반복적이고 예측 가능해서 지루해질 수 있기 때문에 항상 성인에게 반응해야 하는 것을 피하려고 문제행동을 보일 수도 있음을 숙지할 필요가 있다.

고확률 절차는 교실과 가정에서 보다 쉽고 효과적으로 실행될 수 있다. 이 절차에 대한 연구는 다양한 기술에 확실히 효과적인 결과를 보인다. 이 절차를 실행하려면 가장 흥미로운 자료를 사용한 일상적인 일과와 활동 중에 사용될 기술(High-p 요구)과 가르칠 기술(Low-p 요구)을 확인하기 위한 주도면밀한 계획이 필요하다. 이 두 가지 기술이 계획적으로 사용된다면 고확률 절차는 매우 짧은 시간 동안 실행하여 강력한 결과를 산출할 수 있다.

주

Rosa Milagros Santos의 연락처: 이메일 rsantos@uiuc.edu

참고문헌

Davis, C. A., & Brady, M. P. (1993). Expanding the utility of behavioral momentum: Where we've been, where we need to go. *Journal of Early Intervention, 17*(3), 211-223.

Davis, C. A., Brady, M. P., Hamilton, R., McEvoy, M. A., & Williams, R. E. (1994). Effects of high-probability requests on the social interactions of young children with behavior disorders. *Journal of Applied Behavior Analysis, 27*(4), 619-637.

Davis, C. A., Brady, M. P., Williams, R. E., & Hamilton, R. (1992). Effects of high-probability requests on the acquisition and generalization of responses to requests in young children with behavior disorders.

Journal of Applied Behavior Analysis, 25(4), 905–916.

Davis, C. A., & Reichle, J. (1996). Variant and invariant high-probability requests: Increasing appropriate behaviors in children with emotional-behavioral disorders. *Journal of Applied Behavior Analysis, 29*(4), 471–482.

Davis, C. A., Reichle, J., Southard, K., & Johnston, S. (1998). Teaching children with severe disabilities to utilize nonobligatory conversational opportunities: An application of high-probability requests. *Journal of the Association for Persons With Severe Handicaps, 23*(1), 57–68.

Ducharme, J. M., & Worling, D. E. (1994). Behavioral momentum and stimulus fading in the acquisition and maintenance of child compliance in the home. *Journal of Applied Behavior Analysis, 27*(4), 639–647.

Harchik, A. E., & Putzier, V. S. (1990). The use of high-probability requests to increase compliance with instructions to take medication. *Journal of the Association for Persons With Severe Handicaps, 15*(1), 40–43.

Horner, R. H., Day, H. M., Sprague, J. R., O'Brien, M., & Heathfield, L. T. (1991). Interpersed requests: A nonaversive procedure for reducing aggression and self-injury during instruction. *Journal of Applied Behavior Analysis, 24*(2), 265–278.

Houlihan, D., Jacobson, L., & Brandon, P. K. (1994). Replication of a high-probability request sequence with varied interprompt times in a preschool setting. *Journal of Applied Behavior Analysis, 27*(4), 737–738.

Killu, K., Sainato, D. M., Davis, C. A., Ospelt, H., & Paul, J. N. (1998). Effects of high-probability request sequences on preschoolers' compliance and disruptive behavior. *Journal of Behavioral*

Education, 8(4), 347-368.

Lignugaris/Kraft, B., & Santos, R. M. (1997). *The effects of high-probability requests on children's responses to low-probability requests.* Unpublished manuscript, Utah State University.

Mace, F. C., Lalli, J. S., Shea, M. C., Lalli, E. P., West, B. J., Roberts, M., & Nevin, J. A. (1990). The momentum of human behavior in a natural setting. *Journal of the Experimental Analysis of Behavior, 54*(3), 163-172.

McComas, J. J., Wacker, D. P., & Cooper, L. J. (1998). Increasing compliance with medical procedures: Application of the high-probability request procedures to a toddler. *Journal of Applied Behavior Analysis, 31*(2), 287-290.

Nevin, J. A., Mandell, C. E., & Atak, J. R. (1983). The analysis of behavioral momentum. *Journal of the Experimental Analysis of Behavior, 39*(1), 49-59.

Nevin, J. A., Tota, M. E., Torquato, R. D., & Shull, R. L. (1990). Alternative reinforcement increased resistance to change: Pavlovian or operant contingencies? *Journal of the Experimental Analysis of Behavior, 53*(3), 359-379.

Rortvedt, A. K., & Miltenberger, R. G. (1994). Analysis of a high-probability instructional sequence and time-out treatment of child noncompliance. *Journal of Applied Behavior Analysis, 27*(2), 327-330.

Sanchez-Fort, M. R., Brady, M. P., & Davis, C. A. (1995). Using high-probability requests to increase low-probability communication behavior in young children with severe disabilities. *Education and Training in Mental Retardation and Developmental Disabilities, 6*(2), 151-165.

Santos, R. M., & Lignugaris/Kraft, B. (1999). The effects of direct questions on preschool children's responses to indirect requests. *Journal of Behavioral Education, 9*(3/4), 193-210.

Singer, G. H., Singer, J., & Horner, R. H. (1987). Using pretask requests to increase the probability of compliance for students with severe disabilities. *Journal of the Association for Persons With Severe Handicaps, 12*(4), 287-291.

Warren, S. F., McQuarter, R. J., & Rogers-Warren, A. K. (1984). The effects of mands and models on the speech of unresponsive language-delayed preschool children. *Journal of Speech and Hearing Disorders, 37*(2), 43-52.

Wehby, J. H., & Hollahan, M. S. (2000). Effects of high-probability requests on the latency to initiate academic tasks. *Journal of Applied Behavior Analysis, 33*(2), 259-262.

Wolery, M. (2000). Recommended practices in child-focused interventions. In S. Sandall, M. E. McLean, & B. J. Smith (Eds.), *DEC recommended practices in early intervention/early childhood special education* (pp. 29-37). Longmont, CO: Sopris West.

Zarcone, J. R., Iwata, B. A., Mazaleski, J. L., & Smith, R. G. (1994). Momentum and extinction effects on self-injurious escape behavior and noncompliance. *Journal of Applied Behavior Analysis, 27*(4), 649-658.

학급 활동에 시간 지연 절차 삽입하기

Mark Wolery, Ph.D., Vanderbilt University

이사야는 자폐를 가진 3세 아동으로 통합 학급에 다니고 있다. 이사야의 목표는 요구하는 단어 사용하기, 사물과 행동에 대한 단어 사용하기, 또래에게 먼저 다가가기, 또래에게 사물 주기, 화장실에서 바지 내리고 올리기, 놀이 시간 늘리기다. 이사야는 성인을 모방하고, 비구어적으로 요구하고, 몇 개의 장난감으로만 놀고, 상동행동을 하고, 말을 잘 듣는 편이다. 이사야의 학급에는 9명의 아동(3명의 장애아동과 6명의 비장애아동), 1명의 교사, 2명의 보조원이 있다. 이사야는 학급 친구들과 마찬가지로 활동 일정표를 따르며 별도의 치료를 받지는 않는다. 교사와 부모는 일상적인 학급의 활동과 일과에서 이사야의 목표가 성취되기를 원하고 있다.

교사에게 유아교육분과(DEC)의 두 가지 추천 실제(Sandall, McLean, & Smith, 2000)가 유용할 것이다. ① 의사소통, 신변처리,

인지, 사회성 기술의 학습과 활용에 촉진과 촉진용암절차(예: 시범, 점진적 안내, 지원의 증가, 시간 지연)를 사용할 것이고, ② 특별한 절차(예: 자연적 전략과 촉진/촉진용암전략)를 활동에 삽입하고 분산할 것이다(Wolery, 2000: 37). 본 논문에서는 고정 시간 지연과 점진적 시간 지연을 설명하고, 학급 활동에 어떻게 시간 지연을 삽입하고 분산하는지 설명할 것이다.

시간 지연은 무엇인가

시간 지연은 다음과 같은 세 가지 형태가 있다. ① 고정 시간 지연(Wolery, Ault, & Doyle, 1992), ② 점진적 시간 지연(Wolery, Ault, & Doyle, 1992), ③ 자연적 시간 지연(Schwartz, Anderson, & Halle, 1989)이다. 각 형태는(추후에 설명함) 촉진을 사용하고(즉, 지원과 도움) 지속적으로 이러한 촉진을 제거하여 아동이 독립적으로 수행하게 한다. 촉진은 성인이 아동에게 기술을 어떻게 하는 것인지 정보를 주는 것이다. 촉진은 신체적(예: 손 위에 손 얹기, 슬쩍 쿡 찌르기)이거나, 시범, 구어적 암시, 단서, 또는 몸짓이 될 수 있다. 시간 지연은 통제 촉진이라고 하는 특별한 촉진을 사용한다. 통제 촉진은 아동에게 충분한 도움을 주어 원하는 행동을 정확하게 수행하도록 하는 것이다. 아동이 성인을 모방할 때

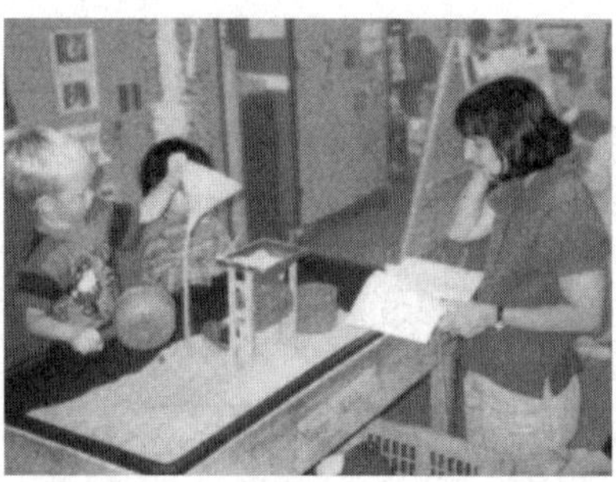

시범은 대개 통제 촉진으로 사용된다. 비모방적 아동에게 신체적 촉진은 통제 촉진이다. 통제 촉진이 사용되면 아동은 기술을 수행할 수 있다. 시간 지연은 또한 질문과(예: "이것은 무엇이니?"), 명령(예: "~을 줄래." "~라고 말해 봐"), 자연적 상황(예: 화장실 사용 후 바지 올리기) 같은 과제 단서를 사용한다.

시간 지연은 0초 시도와 지연 시도, 이 두 가지 형태의 교수 시도를 사용한다. 0초 시도는 새로운 기술을 가르칠 때 처음 2~3일 동안 사용하고 그다음에는 지연 시도를 사용한다. 0초 시도는 성인이 과제 단서를 주고, 즉시 촉진을 주고, 아동에게 그 기술을 수행할 기회를 주고(즉, 반응 간격), 그다음에 정반응을 기록하거나 실수를 무시한다. 반응 간격은 3~5초 동안이다. 지연 시도는 성인이 과제 단서를 주고, 반응 간격을 주고, 아동이 반응하지 않으면 촉진을 주고, 또 반응 간격을 주고, 그다음에 후속 결과를 제공한다. 시간 지연으로 성인은 촉진 전과 후에 정반응에 대해 강화한다. 예를 들어, 이사야의 교사가 장난감의 이름을 말하도록 가르칠 때 지연 시도를 사용하는 교사는 "이것은 무엇이니?"라고 말하고 지연 간격 동안 기다린다. 만약 이사야가 촉진 전에 정반응을 하면 칭찬하고 (강화로) 놀이를 계속하게 한다. 그러나 촉진 후에 정반응을 보이더라도 칭찬하고 (강화로) 놀이를 계속하게 한다. 성인은 촉진 후의 무반응과 실수를 무시한다. 촉진 전에 오반응이 나오면, 성인은 "기다려, 내가 보여 줄게." 등과 같이 말한다.

시간 지연의 세 가지 형태는 모두 처음에 0초 시도를 사용한다. 그러나 지연 시도를 사용하는 방법은 다르다. 고정 시간 지연의 경우, 지연 시도의 반응 간격은 모두 길이가 같다. 점진적 시간 지연의 경우, 반응 간격은 시도와 시간이 길수록 점진적으로 증가한다. 다시 말해 0초 시도를 2일간 한 후 3일째 반응 간격은 1초가 될 수 있고, 4일째는 2초, 5일째는 3초가 될 수 있다. 대개 반응 간격은 5, 6초보다 길면 안 된다. 자연적 시간 지연은 다른 두 절차와 비슷하지만 아동이 주로 도움을 받는 일과 중에 사용된다.

삽입과 분산은 무엇인가

삽입과 분산은 교수 시도를 할 때를 의미한다. 삽입은 자연적으로 발생하는 활동과 일과에서 사용되는 시도다(Wolery, 1994). 분산은 아동이 주어진 기술에 대한 시도 사이에 다른 행동을 수행하는 기회를 갖는 것을 의미한다(Mulligan, Guess, Holvoet, & Brown, 1980). 예컨대, 이사야에게 요구하는 단어를 사용하도록 가르치기 위해 교사는 간식으로 주스와 음식을 조금만 주어 간식 시간에 학습 기회를 삽입한다. 교사는 요구 사이에 음식과 음료를 주어 간식 시간에 요구하는 기회를 분산한다.

삽입교수와 분산교수를 이용하는 데는 몇 가지 이유가 있다. 이러한 절차는 장애아동에게 급우들처럼 같은 활동 시간 동안 학습을 할 수 있게 한다. 이는 특수한 일대일 교수에 대한 요구를 최소화할 수 있다. 또한 기술이 필요할 때, 아동의 놀이나 관심과 관련 있을 때 학습할 수 있다(Bricker, Pretti-Frontczak, & McComas, 1998). 이는 교수가 하루의 일상적인 흐름 속에서 일어나기 때문에 일반화를 촉진한다(즉, 필요할 때 필요한 장소에서 기술을 사용함). 분산교수의 활용은 다른 유형의 학습자(Mulligan et al., 1980)에게도 효과적인 것으로 나타났다. 마지막으로, 실제로 분산교수는 집중 시도 교수보다(즉, 시도 간 다른 행동에 대해 행동에 대한 시도가 짧은 시간 동안 반복적으로 제시되는 교수) 효과적인 것으로 나타났다(Doyle, Wolery, Ault, Gast, & Wiley, 1989; Dunlap, 1984).

시간 지연을 삽입하고 분산하는 것이 효과적인가

많은 연구들이 고정 시간 지연과 점진적 시간 지연이 일대일 교수와 소그룹 교수에서 효과적인지 평가하였다(Wolery, Ault, & Doyle, 1992). 이 연구들은 고정 시간 지연과 점진적 시간 지연이 유아와 학령기 아동에게 효과적임을 보여 주었다. 이 절차는 비장애아동에게도 효과적이다. 또한 언어지체아동, 발달지체아동, 중증의 장애아동, 정신지체, 자폐아동에게도 효과적이다. 이 절차는 질문에 대답하기와 그림의 이름 말하기 같은 불연속적인 행동(Discrete behaviors)과 코트 입기, 수저 사용하기와 같은 많은 단계를 포함하는 기술을 가르치는 데 효과적이다(Schuster et al., 1998). 자연적 시간 지연은 의사소통 기술에 효과적이다(Schwartz, Anderson, & Halle, 1989).

고정 시간 지연과 점진적 시간 지연을 삽입하고 분산하는 것의 효과는 8개의 연구가 검증하였다. 연구결과에 의하면, 시간 지연은 자유놀이(Schuser, Bell, & Wolery, 1995), 초등학교 교실에서 하는 독립적인 착석 활동(Caldwell, Wolery, Werts, Caldwell, 1996), 교사

주도적인 수업(Wolery, Anthony, Snyder, Werts, & Katzenmeyer, 1997), 활동 간 전이(Wolery, Anthony, & Heckathorn, 1998), 미술 활동(Venn et al., 1993)에 삽입하고 분산할 때 효과적이다. 이 연구들에서, 교사들은 훈련을 받아 이 절차를 정확하게 사용할 수 있었다. 삽입되고 분산된 교수는 교사가 교실에서 해야 할 의무를 이행하는 데 방해가 되지 않았다. 각 연구는 교실에서 하는 독립적인 착석 활동을 제외하고는 통합 교실에서 이루어졌다(Caldwell et al., 1996). 모든 연구는 아동이 학습하게 되는 결과를 낳았다. 한 가지 예외는, 고정 시간 지연을 전이에 삽입했을 때, 반대의 행동(Oppositional behaviors)을 하는 두 아동은 잘 학습하지 못했다(Werts, Wolery, Venn, Demblowski, & Doren, 1996; Wolery, Anthony, & Heckathorn, 1998).

시간 지연을 활동에 삽입하고 분산하는 단계

다음은 시간 지연을 교실의 활동에 삽입하고 분산하는 10단계를 설명한 것이다. 단계를 보여 주기 위해 사례에 설명된 이사야를 이용하였다. 〈표 1〉을 참조하기 바란다.

단계 1: 가르칠 기술 확인

시간 지연은 특정 기술을 가르치기 위해 고안된다. 따라서 가르칠 기술을 먼저 확인해야 한다. 시간 지연은 각 발달 영역의 기술들에

〈표 1〉 이사야를 위한 시간 지연 삽입과 분산 계획의 예

시간 지연에 사용할 단계	시간 지연 삽입과 분산으로 가르칠 이사야의 목표		
	요구하는 단어 사용	행동을 설명하는 단어(동사) 사용	화장실에서 바지 내리고 올리기
단계 1: 가르칠 기술 확인	음식과 음료의 이름 말하기. "~주세요" 사용하기. 두 개 중 선택하라고 할 때 장난감 이름 말하기	자신이 하는 행동을 말로 하기(예: 쌓다, 타다, 두드리다, 밀다, 미끄러지다, 운전하다, 요리하다)	바지의 옆을 잡고 바지를 밀어 발목까지 내리기; 바지의 앞과 뒤를 잡고 배꼽까지 끌어올리기
단계 2: 교수 활동과 일과 확인	간식, 점심, 자유놀이 시간에 장난감을 선택할 때	자유놀이와 놀이터에서 노는 시간에	화장실 일과–변기에 앉을 때
단계 3: 사용할 시도 횟수와 주기 결정	사물을 잡으려고 손을 뻗으며 비구어적인 요구를 할 때, 성인의 손을 움직이거나 자신의 컵을 들어 올리며	하루에 10회, 시도 간격이 적어도 2분 간격으로 10분을 넘지 않게	하루에 4회, 변기에 앉을 때마다
단계 4: 시간 지연 절차의 선택	고정 시간 지연	점진적 시간 지연	고정 시간 지연
단계 5: 과제 단서 및 통제 촉진 확인	비구어적 요청과 선택할 수 있을 때; 구어적 모델 촉진	"뭐하니?"; 구어적 모델 촉진	변기 앞에 서기; 신체적 촉진(손 위에 손 얹기)
단계 6: 강화제 선택	요구한 사물 얻기	놀이를 계속하며 단어로 말한 것 칭찬	칭찬과 1분간 성인과의 상호작용
단계 7: 사용할 0초 시도의 횟수 결정	2일간 0초 시도	4일간 0초 시도	3일간 0초 시도
단계 8: 반응 간격의 길이 결정	4초	매 2일마다 1초씩 늘리기; 5초에 중지	4초

단계 9: 점검 체계 선택과 사용	요구한 횟수, 촉진 전/후 구어적 요구, 촉진 전/후 비구어적 요구 횟수 세기	질문, 촉진 전/후의 동사, 촉진 전/후의 실수, 무반응 횟수 세기	촉진 전 정반응 단계 횟수, 촉진 전 오반응 횟수 세기
단계 10: 계획의 실행과 계획의 사용 및 효과 점검	요구한 횟수, 시간 지연 단계는 정확하게 되었는지 확인	질문한 횟수, 시간 지연 단계는 정확하게 되었는지 확인	배운 대로 화장실 일과를 한 횟수, 시간 지연 단계는 정확하게 되었는지 확인

사용할 수 있다. 이사야의 경우, 교사는 다음과 같은 세 가지 기술에 시간 지연을 사용할 것이다. ① 타인에게 요구하는 단어 사용하기, ② 자신의 놀이를 설명하는 동사 사용하기, ③ 화장실에 갔을 때 바지를 내리고 올리기.

단계 2: 교수 활동과 일과 확인

각 목표에 대한 활동과 일과를 확인할 때 삽입과 분산이 일어날 가능성이 높아진다. 이 절차는 한 활동에(Venn et al., 1993), 여러 활동에(Chiara et al., 1995), 활동 간 전이 시에(Werts et al., 1996) 실행될 수 있다. 시간 지연을 언제 삽입할 것인가는 무엇을 가르치고, 얼마나 많은 학습 기회가 가능한지, 그리고 교사의 다른 임무에 따라 결정된다. 이사야의 교사는 간식 및 식사 시간과 구조화된 자유놀이에서 선택을 할 때 요구하는 단어를 사용하도록 가르칠 것이다. 교사는 이사야가 자유놀이 시간과 바깥놀이 시간에 동사를 사용하도록 가르칠 것이다. 또한 화장실에서 바지를 내리고 올리는 것을 가르칠 것이다.

단계 3: 사용할 시도 횟수와 주기 결정

교사는 아동에게 기술을 학습할 수 있는 충분한 기회를 주는 것과 실제 활동을 진행하는 것 사이에 균형을 이루어야 한다. 아동은 배워야 할 각각의 기술에 대해 하루에 약 다섯 번의 시도가 필요하나 이 횟수는 아동에 따라 다르다. 시도 간 최소한의 시간과 최대한의 시간을 미리 정해 놓는다(예: 시도 간 최소 2분, 10분 이내로). 이사야의 경우, 요구하는 단어 사용하기는 이사야가 비구어적 요구를 하거나 선택해야 할 때 가르칠 것이다. 만약 이사야가 3분 이내에 요구를 하지 못하면, 교사는 무엇을 원하는지 물어본다. 동사의 경우, 교사는 "최소 2분, 그러나 10분을 넘지 않는" 규칙을 사용할 것이다. 바지를 내리고 올리기를 가르치는 것은 이사야가 화장실에 갈 때마다 할 것이다.

단계 4: 시간 지연 절차의 선택

고정 시간 지연과 점진적 시간 지연 모두 효과적이고 빠른 학습의 결과를 낳는다(Ault, Gast, & Wolery, 1988). 고정 시간 지연은 사용하기 좀 더 쉽지만 아동에 따라 선택해야 한다. 만약 아동이 도움을 기다리고 잘 참여하면 고정 시간 지연을 사용하는 것이 좋다. 그러나 아동이 기다리는 것이 어렵다면 아동이 성공할 수 있도록 점진적

절차를 사용하는 것이 더 좋다. 이사야의 경우, 교사는 이사야가 잘 참여하고 자기가 원하는 것을 기다릴 수 있기 때문에 요구하는 단어 사용하기를 가르치는 데 고정 시간 지연을 사용할 것이다. 동사 사용하기에는 이사야가 놀이에 참여하므로 점진적 시간 지연을 사용할 것이다. 바지 내리고 올리기의 경우 그 상황에서 이사야가 잘 기다리기 때문에 고정 시간 지연을 사용할 것이다.

단계 5: 과제 단서 및 통제 촉진 확인

과제 단서는 아동에게 가르치는 행동을 수행해야 함을 알게 해 주는 것이다. 이것은 질문일 수도 있고, 지시, 자연적으로 일어나는 상황일 수도 있다. 과제 단서는 성인과 아동이 시도를 시작하게 하는 것이다. 이사야에게는 자신이 시작하는 요구(자연적으로 일어나는 상황)가 요구하는 단어 사용하기에 대한 단서가 될 것이다. 동사 사용하기에서는 성인이 "뭐 하니?"라고 묻는 질문이 과제 단서가 될 것이다. 화장실에서 옷 입기는 변기 앞에 서는 것이(자연적으로 일어나는 상황) 과제 단서가 될 것이다. 통제 촉진은 아동에게 충분한 정보를 제공하여 아동이 학습하는 행동을 할 수 있게 된다. 이사야의 경우, 요구하는 단어 사용하기와(예: "우유 주세요."), 동사 사용하기(예: "달리기" "타기")에 대한 구어적 시범이 촉진될 것이다. 아동이 성인을 모방할 수 있기 때문에 구어적 시범이 사용될 것이다. 화장실 일과에서는 신체적 촉진이 사용된다.

단계 6: 강화제 선택

시간 지연은 각 아동마다 개별적으로 선택한 강화제가 필요하다. 활동을 계속하기, 성인이나 장난감과의 짧은 상호작용 등 거의 모든 것이 강화제가 될 수 있다. 삽입교수의 장점은 자연적으로 일어나는 활동(아동에게 재미있고 흥미로운 것이라면)이 그 자체로 강화제가 될 수 있다. 이것이 바로 삽입과 분산이 효과적인 이유가 될 것이다. 이사야의 경우, 요구한 음식, 음료, 장난감을 받는 것은 요구하는 단어 사용하기에 대한 강화제가 될 수 있다. 놀이를 계속하기와 칭찬은 동사 사용하기에 대한 강화제다. 화장실 일과 동안 바지를 내리고 올리기에 대한 강화제는 성인과의 상호작용이다.

단계 7: 사용할 0초 시도의 횟수 결정

0초 시도는 과제 단서와 학습하는 기술 간의 관계를 형성한다. 이러한 시도를 할 때 성인은 아동이 행동을 정확하게 하도록 촉진하고 강화제를 준다. 이것은 아동에게 과제 단서와 기술 간의 관계를 가르쳐 준다. 이 관계는 무척 중요하며, 0초 시도를 많이 주는 것이 좋다. 보통 2~3일 정도면 충분하지만 5일까지는 대체로 무방하다. 이사야의 경우, 교사는 간식과 식사 시간에 0초 시도를 2일간 하였고 동사 사용하기에 0초 시도를 4일간 하였다. 동사 사용하기에 더 오랫동안 0초 시도를 했는데 이는 이사야가 놀이에 집중했기 때문이다. 바지 입기는 어려운 기술이기 때문에 3일 동안 시행할 것이다.

단계 8: 반응 간격의 길이 결정

교사가 아동이 반응하기를 기다리는 시간은 대개 3~5초 정도다. 이 시간은 아동에게 기술을 시작할 시간을 주지만 만약 아동이 무엇을 해야 할지 모른다면 길게 기다릴 필요는 없다. 고정 시간 지연으로 0초 시도를 한 후에는 반응 간격의 길이는 바뀌지 않는다. 점진적 시간 지연의 경우, 반응 간격의 길이는 점진적으로 늘어난다. 또한 2~3일 간격으로 1~2초의 간격을 증가시킨다. 이때 아동의 반응이 느리다면 반응 간격을 길게 한다. 간격의 길이를 재기 위해 조용히 "양 한 마리" "양 두 마리" 등으로 센다. 이사야의 경우, 요구하는 단어 사용하기와 바지 내리고 올리기의 반응 간격은 4초이다. 따라서 동사 사용하기의 간격은 2일마다 1초씩 증가할 것이다.

단계 9: 점검 체계 선택과 사용

아동의 진도를 점검하고 필요한 경우, 교수를 어떻게 바꿀 것인지를 결정하는 데 체계적인 방법을 사용해야 한다. 시간 지연의 경우, 아동은 0초 시도에 세 가지를 할 수 있다. ① 정반응, ② 오반응, ③ 무반응. 0초 시도 동안 아동이 2일 이상 25% 이상 오반응을 한다면, 통제 촉진을 사용한다. 그런데, 아동이 2일 이상 25% 이상 반응하지 않으면, 더 효과적인 강화제를 선택해야 한다(Wolery, Ault, &

Doyle, 1992).

지연 시도에서는 아동은 다섯 가지 중 하나를 할 수 있다. ① 촉진 전 정반응, ② 촉진 전 오반응, ③ 촉진 후 정반응, ④ 촉진 후 오반응, ⑤ 무반응. 만약 아동이 2일 이상 25% 이상 촉진 전 오반응을 보인다면, 아동이 촉진을 기다리도록 가르친다(Wolery et al., 1992). 기다리기는 일대일 교수로 가르친다. 아동에게 이름이 없는 추상적 기호를 보여 준다. 교사는 기호를 보여 주고 아동에게 "이것이 무엇이니?"라고 묻고 0.5초 기다린 후 아동에게 이름을 말해 주고 아동이 이름을 모방하면 강화제를 준다. 교사는 기다리는 시간을 점차적으로 증가시킨다. 아동이 정반응을 하는 유일한 방법은 교사를 기다려 무엇이 정반응인지 듣는 것이다. 왜냐하면 어떤 기호도 이름을 가지고 있지 않기 때문이다. 가끔 교사는 손을 들어 아동의 입에 대고 부가적인 단서를 더할 때까지 기다린다. 또한 더 짧은 반응 간격을 이용하거나 고정 시간 지연을 사용한다면 점진적 시간 지연으로 바꿀 수 있다. 혹, 아동이 촉진 후 오반응을 2일 이상 25% 이상 한다면, 보다 강력한 통제 촉진을 이용한다. 반면, 아동이 2일 이상 25% 이상 반응하지 않는다면, 더 효과적인 강화제를 사용해야 한다. 또한 아동이 3일 연속으로 90% 이상의 시도에서 촉진 후 정반응을 보인다면, 촉진 후 정반응보다 촉진 전 정반응을 할 수 있도록 보다 바람직한 강화제를 제공하기 시작한다.

단계 10: 계획의 실행과 사용과 효과 점검

성공적인 시간 지연의 삽입과 분산을 위해서는 주의 깊게 계획을 세워야 한다. 교실에서 생길 수 있는 많은 방해요인들이 교수의 삽입과 분산, 시간 지연을 정확하게 사용하는 것을 방해할 수 있다. 그러나 정확한 사용은 중요하다. 정해진 대로 촉진이 주어지지 않으면(즉, 아동이 과제 단서 후 지원을 기다릴 때) 학습이 느리거나 아예 일어나지 않을 것이다(Holcombe, Wolery, & Snyder, 1994). 단계들을 자주 검토하여(〈표 1〉 참조) 정확하게 실행되도록 해야 한다. 교수가 아동의 활동 참여를 방해하지 않는지, 삽입시도 후 아동이 무엇을 하는지 관찰해야 한다. 마지막으로 충분한 교수가 일어나도록 매일 얼마나 많은 시도가 제공되는지 기록해야 한다.

요 약

시간 지연 방법은 아동이 새로운 기술을 수행하도록 지원하고 그 후에 도움을 제거하여 아동이 독립적으로 수행할 수 있도록 한다. 시간 지연은 직접 교수 상황에서 많이 연구되었고, 어떤 연구에서는 일과와 활동에 걸쳐 시간 지연 삽입과 분산이 실시되었다. 이 논문에서 설명한 단계를 활용해 면밀히 계획한다면 시간 지연을 통합 환경의 정기적인 활동에 사용할 수 있다. 게다가 시간 지연이 정확하고 충분한 시도로 사용된다면 아동은 새로운 기술을 빨리 학습할 수 있다.

주

본 논문은 미국 교육부 특수교육국과 재활서비스의 지정 연구 프로젝트(H324D000039, 밴더빌트 대학교) 기금의 지원을 받은 것이다. 본 연구의 의견은 미국 교육부의 정책을 반영한 것은 아니다.

Mark Wolery의 연락처: 이메일 mark.wolery@vanderbilt.edu

참고문헌

Ault, M. J., Gast, D. L., & Wolery, M. (1988). Comparison of progressive and constant time delay procedures in teaching community sign word reading. *American Journal of Mental Retardation, 93*(1), 44-56.

Bricker, D., Pretti-Frontczak, K., & McComas, N. (1998). *An activity-based approach to early intervention* (2nd ed.). Baltimore: Paul H. Brookes.

Caldwell, N. K., Wolery, M., Werts, M. G., Caldwell, Y. (1996). Embedding instructive feedback into teacher-student interactions during independent seatwork. *Journal of Behavior Education, 6*(2), 459-480.

Chiara, L., Schuster, J. W., Bell, J., & Wolery, M. (1995). Small group massed-trial and individually distributed-trial instruction with preschoolers. *Journal of Early Intervention, 19*(3), 203-217.

Doyle, P. M., Wolery, M., Ault, M. J., Gast, D. L., & Wiley, K. (1989). Establishing conditional discriminations: Conncurrent versus isolation-intermix instruction. *Research in Developmental Disabilities, 10*(4), 349-362.

Dunlap, G. (1984). The influence of task variation and maintenance tasks on the learning and affect of autistic children. *Journal of Experimental Child Psychology, 37*(1), 41-64.

Holcombe, A., Wolery, M., & Snyder, E. (1994). Effects of two levels of procedural fidelity with constant time delay on children's learning. *Journal of Behavioral Education, 4*(1), 49-73.

Mulligan, M., Guess, D., Holvoet, J., & Brown, F. (1980). The individualized curriculum sequencing model (1): Implications from research on massed-, distributed-, or spaced-trial training. *Journal of the Association for the Severely Handicapped, 5*(4), 325-336.

Sandall, S., McLean, M. E., & Smith, B. J. (2000). *DEC recommended practices in early intervention/early childhood special education.* Longmont, CO: Sopris West.

Schwartz, I. S., Anderson, S. R., & Halle, J. W. (1989). Training teachers to use naturalistic time delay: Effects on teacher behavior and on the language use of students. *Journal of the Association for Persons With Severe Handicaps, 14*(1), 48-57.

Venn, M. L., Wolery, M., Werts, M. G., Morris, A., DeCesare, L. D., & Cuffs, M. S. (1993). Embedding instruction in art activities to teach preschoolers with disabilities to imitate their peers. *Early Childhood Research Quarterly, 8*(3), 277-294.

Werts, M. G., Wolery, M., Venn, M. L., Demblowski, D., & Doren, H. (1996). Effects of transition-based teaching with instructive feedback on the acquisition of skills by children with and without disabilities. *Journal of Educational Research, 90*(4), 75-86.

Wolery, M. (1994). Implementing instruction for young children with special needs in early childhood classrooms. In M. Wolery & J. S. Wilbers (Eds.), *Including children with special needs in early childhood programs* (pp. 151-166). Washington, DC: National

Association for the Education of Young Children(NAEYC).

Wolery, M. (2000). Recommended practices in child-focused interventions. In S. Sandall, M. E. McLean, & B. J. Smith (Eds.), *DEC recommended practices in early intervention/early childhood special education* (pp. 29-37). Longmont, CO: Sopris West.

Wolery, M., Anthony, L., & Heckathorn, J. (1998). Transition-based teaching: Effects on transitions, teachers' behavior, and children's learning. *Journal of Early Intervention, 21*(2), 117-131.

Wolery, M., Anthony, L., Snyder, E. D., Werts, M. G., & Katzenmeyer, J. (1997). Training elementary teachers to embed instruction during classroom activities. *Education and Treatment of Children, 20*(1), 40-58.

Wolery, M., Ault, M. J., & Doyle, P. M. (1992). *Teaching students with moderate and severe disabilities: Use of response prompting strategies.* White Plains, NY: Longman.

교수전략에 도움이 될 자원들

아동 중심 중재에 추천 실제를 지원하는 부가적인 자원들을 소개한다. 이 자원들은 가격이 다양하다. 대부분의 자원은 개인적으로 부담할 수 있는 것이고 어떤 것들은 기관이나 학교에서 구입하는 것이 바람직하다.

Camille Catlett, M.A., University of North Carolina at Chapel Hill

도서 및 미디어 자료

▶ 문화적 다양성과 사회성 기술 교수: 민족적, 성적 차이의 이해 (Cultural Diversity and Social Skills Instruction: Understanding Ethnic and Gender Differences)

by Gwendolyn Cartledge & JoAnne Fellows Milburn

이 책은 문화적으로 민감한 관점에서 사회성 기술을 가르치는 아이디어를 제공한다. 문화적 · 언어적으로 다양한 유아의 행동을 문화적인 관점에서 볼 필요가 있고 어떻게 교수를 하고 아동의 권한을 보장할 것인지를 설명하고 있다. 저자는 민족, 성, 다른 변인에 따른 사회성 기술의 다양성을 설명하고 있다.

(출판사: Champaign, IL: Research Press)

▶ 유아를 위한 중재 계획: 임상적 지침(Designing Preschool Interventions: A Practitioner's Guide)

by David W. Barnett, Susan H. Bell, & Karen T. Carey

'임상적'과 '생태학적'이란 두 단어는 이 책에서 가장 많이 사용되는 단어다. 어느 검토위원은 이 책이 "……발달지체와 장애를 가진 유아뿐만 아니라 장애위험 유아에게도 양질의 중재 서비스를 제공하는 데 필요한 본질을 담고 있다."고 하였다(http://www.guilford.com/cartscript.cgi?page=edu/barnett3.htm&cart_id=208429.9605). 이 책에서는 관련된 연구와 임상적 사례를 인용하여 효과적인 상호작용을 고안하기 위한 생태계로서의 학급의 문제를 다루고 있다.

(출판사: New York: Guilford)

▶ 유아 통합: 변화를 위한 제안(Early Childhood Inclusion: Focus on Change)

by Micheal J. Guralnick, 편집

최근에 출판된 이 책의 여러 장들은 언급할 만한 가치가 있다. Mary Beth Bruder가 쓴 장은(Inclusion of Infants and Toddlers: Outcomes and Ecology) 다양한 환경에 있는 성인들에게 유아의 학습과 참여를 촉진하는 지원 기회, 활동, 일과에 대한 제안을 한다. McWilliam, Wolery, Odom은 (Instructional Perspectives in Inclusive Preschool Classrooms에서) 개별화 교수, 교수할 기술, 실

행에 영향을 미치는 요인 등과 같은 유아를 위한 주요한 고려사항을 조사하였다. 그리고 Guralnick은 (Social Competence with Peers and Early Childhood Inclusion: Need for Alternative Approaches) 영유아의 사회성 기술을 발달시키는 새로운 관점을 제공한다.

(출판사: Baltimore: Paul H. Brookes)

▶ **특수교육 요구 아동의 통합(Including Children with Special Needs in Early Childhood Programs)**

by Mark S. Wolery & Jan S. Wilbers

이 책은 교사와 양육자 모두의 관심을 끌 것이다. 또한 이 책은 연구들을 신중하게 통합하여 매일의 임상에 명확한 실행과 적용 방안을 제공한다. 특히, 통합 환경의 고안과 특수교육 대상 유아를 위한 교수의 실행에 관한 장들은 매우 유용하다.

(출판사: Washington DC: National Association for the Education of Young Children [NAEYC])

▶ **유아와의 대화: 제1, 제2언어의 발달을 촉진하는 전략(Talking With Preschoolers: Strategies for Promoting First and Second Language Development)**

by the Child Development Division,
California Department of Education

이 비디오테이프는 유치원 팀원들과 가족이 다양한 문화적 언어적 배경을 가진 유아의 요구를 충족시킬 수 있는 기술과 전략을 개발할 수 있도록 지원하기 위해 고안된 것이다. 이 테이프는 주요 개념을 소개하는 데 적당한 언어, 듣기와 문해 발달의 각기 다른 측면에 대해 짧은 부분으로 구성되어 있다. 함께 나온 인쇄물(*Fostering the Development of a First and a Second Language in Early Childhood: Resource Guide*)은 교수, 훈련, 전문성 개발에 관한 자료를 제공한다.

구입처: Attn. Jackie Black
California Department of Education
CDE Press
P.O.Box 271
Sacramento, CA 95812-0217
(916) 445-1260
(800) 995-4099
FAX (916) 323-0823
jblack@cde.ca.gov
http://www.cde.ca.gov/cdepress

교육과정

▶ 놀이시간, 사회적 시간: 상호작용 기술의 발달을 위한 교실 구성 (Play Time, Social Time: Organizing Your Classroom to Build Interaction Skills)

by Sam L. Odom, Scott, R. McConnell, Michaelene Ostrosky, Carla Peterson, Annette Skellenger, Richard Spicuzza, Lynette K. Chandler, & Mary A. McEvoy

이 교육과정 지침은 장애유아 또한 발달상의 문제를 가지고 있는 유아의 사회적 상호작용과 사회적 능력을 촉진하기 위한 지침, 활동, 수업 계획을 제공한다. 이 프로그램은 정상발달 아동이나 사회적 능력이 우수한 또래를 포함하도록 하였다. 이 교육과정은 다음과 같은 6가지 상호작용에 초점을 맞춘다. 즉, 공유하기, 상호작용 지속하기, 공유하자고 요청하기, 놀이 조직하기, 동의하기, 도와주기이다. 특히 강조하는 장들은 사회성 기술 교수 실행(100일간 사례 중재 일정 포함), 일반화 촉진 방법, 다른 상황에 교육과정을 적용하는 방법 등이다.

Institute on Community Integration

University of Minnesota

150 Pillsbury Drive SE

109 Pattee Hall

Minneapolis, MN 55455

(612) 624-4512

FAX (612) 624-9344

publications@icimail.coled.umn.edu

http://ici/umn.edu/products/default.html

▶ 유아의 사회성 기술: 친사회적 기술의 교수(Skillstreaming in Early Childhood: Teaching Prosocial Skills to the Preschool and Kindergarten Child)

by Ellen McGinnis & Arnold P. Goldstein

이 Skillstreaming 접근법은 유아가 대인 간 갈등에 대처하고, 자기 조절을 사용하며, 긍정적 학습 환경을 만드는 능력을 키울 수 있도록 도와주기 위해 고안되었다. 여기에는 시범, 역할 놀이, 수행에 대한 피드백, 전이가 포함되어 있다. 이 교육과정은 40개의 교수 계획을 담았고 사회성 기술 시작하기, 학교관련 기술, 우정 쌓기 기술, 감정에 대처하는 기술, 공격 대안 기술, 스트레스 대처 기술의 6가지 기술집단들을 포함한다(Champaign, IL: Research Press).

▶ 유아 환경에서의 중재전략(SPIES: Strategies for Preschool Intervention in Every Settings)

by Sarah Rule & Tim G. Smith

SPIES는 장애, 특별한 건강 문제, 발달 위험의 문제를 가진 영유아에게 사용할 수 있는 중재전략을 소개하기 위해 개발된 것이다. 매일의 상황을 중재의 맥락으로 삼은 이 훈련 자료들은(참여자 설명서, 교수 설명서, 비디오테이프) 가정, 유치원, 어린이집, 지역사회 등에서 일어나는 일과의 맥락에서 사용할 수 있는 전략을 소개한다. SPIES 교육과정은 다음과 같은 6가지 단위로 나뉜다. 교수 기회 만들기, 지원 제공하기, 우연적 교수, 진도 점검, 유치원 입학 전 활동, 하루 동안의 계획이다. 내용 축약한 것(6가지 단위에 대한 CD와 참여자 설명서), 스페인어 자막 처리된 자료도 있다.

Attn. Connie Panter

Center for Persons with Disabilities

Utah State University

6800 Old Main Hill

Logan, UT 84322-6800

(435) 797-1993

FAX (435) 797-3944

connie@cdp2.usu.edu

http://www.cdp.usu.edu/SPIES

편저자 소개

Michaelene Ostrosky, Ph.D.
University of Illinois, Urbana-Champaign

Susan Sandall, Ph.D.
University of Washington

역자 소개

백유순

Ohio State University 특수교육과 졸업(Ph.D.)
현) 나사렛대학교 유아특수교육과 교수

〈주요 저서 및 역서〉
유아특수교육개론(2판, 공저, 학지사, 2009)
자연적 환경에서의 장애유아 교육방법(공역, 학지사, 2008)
유아특수교육론(공역, 박학사, 2004)
장애유아통합교육방법(공역, 양서원, 2003)

김진희

University of Illinois, Urbana-Champaign 특수교육과 졸업(Ph.D.)
현) 인제대학교 특수교육과 교수

〈주요 저서〉
특수아동교육의 실제(공저, 교육과학사, 2005)
정신지체아교육(공저, 양서원, 2002)

특별한 영유아
모노그래프 시리즈 3호
유아의 발달을 지원하는 교수전략

2011년 6월 5일 1판 1쇄 인쇄
2011년 6월 10일 1판 1쇄 발행

편저자 • Michaelene Ostrosky · Susan Sandall
옮긴이 • 백유순 · 김진희
펴낸이 • 김진환
펴낸곳 • (주) 학지사
121-837 서울시 마포구 서교동 352-29 마인드월드빌딩 5층
대표전화 • 02-330-5114 팩스 • 02-324-2345
등록번호 • 제313-2006-000265호

홈페이지 • http://www.hakjisa.co.kr
커뮤니티 • http://cafe.naver.com/hakjisa

ISBN 978-89-6330-435-9 94370
978-89-6330-432-8 (set)

정가 10,000원

역자와의 협약으로 인지는 생략합니다.
파본은 구입처에서 교환해 드립니다.